L'ESPRIT

DE JULIE,

OU

EXTRAIT

DE LA NOUVELLE

HELOÏSE.

L'ESPRIT
DE JULIE,
OU
EXTRAIT
DE LA NOUVELLE
HELOÏSE,
OUVRAGE UTILE A LA SOCIÉTÉ ;
Et particuliérement à la Jeunesse.
PAR M. FORMEY.

A BERLIN,

Chez Jean Jasperd, Libraire, vis-à-vis
des Moulins du Werder.

M. DCC. LXIII.

AVERTISSEMENT.

DE tous les Ouvrages qui ont paru dans le cours de l'année mil sept cens soixante-un, il n'y en a point qui ait plus excité l'attention du Public que JULIE ou la NOUVELLE HÉLOÏSE. Son Auteur est incontestablement un des plus habiles Ecrivains de ce siécle. Je ne déciderois pas aussi affirmativement qu'il est un des meilleurs. Il seroit à souhaiter qu'il fût décidé. Tout est problême à ses yeux, & il voudroit tout rendre problématique à ses Lecteurs. Ses Ouvrages deviennent par-là beaucoup plus

dangereux que ceux des Ecrivains décla-
rés pour l'irreligion. On y lit le pour &
le contre : les deux caufes opofées font
plaidées avec art ; & comme celle de
l'erreur ou du vice a fouvent un Avocat
fecret dans le cœur du Lecteur , on eft
beaucoup plus affecté par les mauvaifes
raifons que par les bonnes. Quand avec
cela on met de pareils Plaidoyers dans
des Livres faits pour les perfonnes les
plus faciles à féduire , quels n'en doivent
pas être les effets ! Sous ce point de vue
JULIE , toute admirable qu'elle eft , auroit
dû demeurer dans le cerveau d'où elle eft
fortie, parée de tous fes charmes. Il falloit faire une JULIE imitable & digne
d'être imitée : la NOUVELLE HÉLOÏSE ,
au contraire , eft inimitable , & indigne

d'être imitée. Quel parti tirer donc d'un
semblable Livre ? Faut-il le suprimer ,
¿anéantir ? Ce seroit dommage ; je crois
que cet Esprit le prouvera. Faut-il en
recommander la lecture , & en faire le
Bréviaire de nos jeunes Filles ? encore
moins , quoiqu'il reste peu de précautions
à prendre à cet égard , le mal qui pouvoit être fait , l'étant à peu près. Il m'est
donc venu une idée, que je crois tenir un
juste milieu entre ces deux extrémités.
C'est d'en tirer l'extrait que je donne au
Public. J'ai imité , autant que j'en suis
capable, l'industrieuse Abeille, en me po-
sant sur toutes les fleurs qui émaillent ce
riche parterre , & qui ne sont rien moins
qu'également salutaires : j'ai pris soin de
n'en rien tirer qui ne pût entrer dans la

compofition d'un miel pur & exquis. Si j'ai privilégié quelques penfées ou maxi- mes, fufceptibles de correctifs, j'ai eu l'at- tention d'y joindre ces correctifs. Le nom- bre de ces endroits n'eft pas confidérable. Cependant je n'adopte pas purement & fimplement tout ce dont j'ai fait ufage, mais il m'a fuffi de n'y rien laiffer, ou du moins de n'y rien apercevoir qui pût mener à des conféquences dangereufes. Dans cet état, je crois que l'Efprit de JULIE eft, comme je l'ai qualifié au titre, un Ouvrage utile à la Société, & par- ticuliérement à la Jeuneffe.

L'ESPRIT

L'ESPRIT

DE JULIE.

L'ATTRAIT le plus puissant de deux beaux yeux, c'est l'union touchante d'une vive fensibilité & d'une douceur inaltérable; c'est une pitié tendre à tous les maux d'autrui; c'est cet esprit juste & ce goût exquis, qui tirent leur pureté de celle de l'ame; ce font, en un mot, les charmes des fentimens, bien plus que ceux de la perfonne.

* Qui ne peut fe rendre heureux, peut au moins mériter de l'être.

* Les defirs vaincus font la fource

A

du vrai bonheur, & ils font jouir des plaifirs dignes du Ciel même.

* Dans l'âge de l'innocence, avec l'homme le plus vertueux, quand il eft aimable, il vaut mieux être deux filles qu'une.

* C'eft une fituation bien dangereufe que celle des jeunes filles qui font trop inftruites pour fe laiffer gouverner par d'autres, & ne le font pas affez pour fe gouverner elles-mêmes.

* Les filles fimples peuvent être honnêtes ; mais elles le font moins que celles qui le font parce qu'elles veulent l'être. Quoi qu'on en puiffe dire, c'eft le moyen de l'être plus fûrement.

* Il ne fauroit y avoir d'honnêteté qui trahiffe l'amitié, la foi, la confiance. Chaque relation, chaque âge a fes maximes, fes devoirs, fes vertus, ce qui feroit prudence dans l'un, eft perfidie dans l'autre ; & au lieu de rendre fage, on rend méchant, en confondant tout cela.

* On mérite de fuccomber, lorfqu'on s'impofe de périlleux devoirs.

* Quand l'efprit s'orne, la raifon s'éclaire, l'ame fe fortifie, le cœur jouit : que pourroit-il manquer au bonheur ?

* Pour profiter d'un état aimable, il ne faut pas en négliger un meilleur. On perd tout le tems qu'on peut mieux employer.

* Un amour tendre & vrai doit favoir commander aux defirs.

* Si la raifon, d'ordinaire, eft plus foible, & s'éteint plutôt chez les femmes, elle eft auffi plutôt formée, comme un frêle tournefol croît & meurt avant un chêne.

* La fcience eft dans la plûpart de ceux qui la cultivent, une monnoye dont on fait grand cas, qui cependant n'ajoute au bien-être qu'autant qu'on la communique, & n'eft bonne que dans le commerce. Otez à nos Savans le plaifir de fe faire écouter, le favoir ne fera rien pour eux.　　　　A 2

* Ceux qui veulent profiter de leurs connoiſſances, ne les amaſſent point pour les revendre, mais pour les convertir à leur uſage ; ni pour s'en charger, mais pour s'en nourrir. Peu lire & penſer beaucoup à ſes lectures, ou s'en entretenir avec des perſonnes ſenſées, eſt le moyen de les bien digérer.

* Quand on a une fois l'entendement ouvert par l'habitude de réfléchir, il vaut toujours mieux trouver de ſoi-même les choſes qu'on trouveroit dans les livres, c'eſt le vrai ſecret de les bien mouler à ſa tête, & de ſe les aproprier : au lieu qu'en les recevant telles qu'on nous les donne, c'eſt preſque toujours ſous une forme qui n'eſt pas la nôtre.

* Il y a cependant bien des gens à qui cette méthode ſeroit fort nuiſible, & qui ont beſoin de beaucoup lire, & peu méditer, parce qu'ayant la tête mal faite, ils ne raſſemblent rien de ſi

mauvais que ce qu'ils produifent d'eux-
mêmes.

*Il faut faire peu de lectures, & les
bien choifir. La grande erreur de ceux
qui étudient, eft de fe fier trop à leurs
livres, & de ne pas tirer affez de leur
fond, fans fonger que de tous les
Sophiftes notre propre raifon eft prefque toujours celui qui nous abufe le
moins.

*Si-tôt qu'on veut rentrer en foi-
même, chacun fent ce qui eft bien,
chacun difcerne ce qui eft beau ; nous
n'avons pas befoin qu'on nous aprenne à
connoître ni l'un, ni l'autre, & l'on ne
s'en impofe là-deffus qu'autant qu'on
veut s'en impofer.

*Les éxemples du très-beau & du
très-bon font plus rares & moins con-
nus : il faut les aller chercher loin de
nous. La vanité mefurant les forces de
la nature fur notre foibleffe, nous fait
regarder comme chimériques les qualités que nous ne fentons pas en nous-

mêmes ; la pareffe & le vice s'apuyent
fur cette prétendue impoffibilité ; & ce
qu'on ne voit pas tous les jours, l'homme foible prétend qu'on ne le voit jamais.

* Pour détruire cette erreur, il faut
s'accoutumer à voir & à fentir les grands
objets, afin de s'ôter tout prétexte à ne
les pas imiter. L'ame s'enflamme, le
cœur s'éléve à la contemplation de ces
divins modèles, à force de les confidérer, on cherche à leur devenir femblable, & l'on ne fouffre plus rien de
médiocre fans un dégoût mortel.

* N'allons pas chercher dans les livres des principes & des régles que nous
trouverons plus fûrement au-dedans de
nous. Laiffons-là toutes ces vaines dif-
putes des Philofophes fur le bonheur
& fur la vertu ; employons à nous
rendre bons & heureux le tems qu'ils
perdent à chercher comment on doit
l'être, & propofons-nous de grands
éxemples à imiter, plutôt que de vains
fyftêmes à fuivre.

* Le bon n'eſt que le beau mis en action : l'un tient intimement à l'autre, & ils ont tous deux une ſource commune dans une nature bien ordonnée. Il s'enſuit de-là que le goût ſe perfectionne par les mêmes moyens que la ſageſſe, & qu'une ame bien touchée des charmes de la vertu, doit à proportion être auſſi ſenſible à tous les autres genres de beautés.

* On s'éxerce à voir comme à ſentir, ou plutôt une vue exquiſe n'eſt qu'un ſentiment délicat & fin. C'eſt ainſi qu'un peintre, à l'aſpect d'un beau payſage, ou devant un beau tableau, s'extaſie, à des objets qui ne ſont pas même remarqués du ſpectateur vulgaire. Combien de choſes qu'on n'aperçoit que par ſentiment, & dont il eſt impoſſible de rendre raiſon ! Combien de ces je ne ſcais quoi, qui reviennent ſi fréquemment ; & dont le goût ſeul décide !

* Le goût eſt en quelque maniére

le microfcope du jugement ; c'eft lui
qui met les petits objets à fa portée,
& fes opérations commencent où s'arré-
tent celles du dernier. Que faut-il donc
pour le cultiver ? S'éxercer à voir, ainfi
qu'à fentir, & à juger du beau par
fentiment.

* On dit que l'hiftoire la plus intéreffante pour chacun eft celle de fon
pays. Cela n'eft pas vrai. Il y a des
pays dont l'hiftoire ne peut pas même
être lue, à moins qu'on ne foit imbé-
cille, ou négociateur. L'hiftoire la plus
intéreffante eft celle où l'on trouve le
plus d'éxemples, de mœurs, de caractéres de toute efpéce ; en un mot le plus
d'inftruction.

* Il y a des peuples fans phyfionomie
auxquels il ne faut point de Peintre ?
il y a des Gouvernemens fans caractére
auxquels il ne faut point d'Hiftoriens ;
& fi-tôt qu'on fait quelle place un
homme occupe, on fait d'avance
tout ce qu'il y fera. Dira-t'on que ce

font les bons hiftoriens qui manquent ? mais pourquoi ? Qu'il y ait matiére à de bonnes Hiftoires , & les bons Hiftoriens fe trouveront. Dira - t'on que les hommes de tous les tems fe reffemblent , qu'ils ont les mêmes vertus & les mêmes vices ; qu'on n'admire les anciens que parce qu'ils font anciens ? Cela n'eft pas fondé : car on faifoit autrefois de grandes chofes avec de petits moyens , & l'on fait aujourd'hui tout le contraire. Les Anciens étoient contemporains de leurs Hiftoriens , & nous ont pourtant apris à les admirer. Affurément , fi la poftérité jamais admire les nôtres, elle ne l'aura pas apris de nous (*).

(*) *Il y a un peu d'humeur & de préjugé dans ces réfléxions. Tous les fiécles de l'Antiquité réunis n'ont peut-être rien à opofer aux événemens de celui-ci ; point d'objet auffi intéreffant à offrir que celui de la guerre prefente ; point de Héros à mettre en parallele avec* FREDERIC.

* Les Poëtes & les Romans font or-
dinairement les lectures confacrées au
fexe. Aprend-on l'amour dans ces livres?
Le cœur en dit bien plus qu'eux ; & le
langage imité des livres eft bien froid
pour quiconque eft paffionné lui-même.
D'ailleurs ces études énervent l'ame, la
jettent dans la molleffe., & lui ôtent
tout fon reffort. Au contraire, l'amour
véritable eft un feu dévorant qui porte
fon ardeur dans les autres fentimens., &
les anime d'une vigueur nouvelle. C'eft
pour cela que l'on a dit que l'amour
faifoit des Héros.

* Le véritable amour n'ôte point le
goût des chofes honnêtes ; & celui qui
en eft poffédé, fait encore dans la
partie la plus fenfible de fon cœur faire
des facrifices à la vertu.

* De tous les agrémens qui peuvent
prévenir en faveur de quelqu'un, le
moins fujet au dégoût, eft une belle ame.
La droiture & l'honneur ornent tous les
fentimens qu'ils accompagnent.

* Celui qui, dans le choix des objets defirables, place bien fa préférence, obtient comme Salomon, avec ce qu'il avoit demandé, encore ce qu'il ne demandoit pas.

* Les ames abjectes mettent l'honneur dans la richeffe, & péfent les vertus au poids de l'or. Mais un homme de bien ne met pas fon honneur dans ces baffes maximes; & le préjugé même de la raifon eft en faveur du plus pauvre.

* Il n'eft jamais vil de recevoir de ce qu'on aime; ce que le cœur donne ne fauroit déshonorer le cœur qui l'accepte. Un don honnête à faire eft toujours honnête à recevoir.

* Rien de plus méprifable qu'un homme dont on achéte le cœur & les foins, fi ce n'eft la femme qui les paye; mais entre deux cœurs unis, la communauté de biens eft une juftice & un devoir.

* Une ame paifible eft peu propre à

juger des paffions, & il eft infenfé de
rire des fentimens qu'on n'a point éprou-
vés.

＊ Les étres les plus infenfibles prennent quelquefois l'empire fur nos paffions les plus vives ; & la Philofophie
elle-même n'a pas autant de pouvoir
fur l'ame qu'une fuite d'objets inanimés.
C'eft ce qu'un Voyageur éprouve dans
certaines contrées, où la nature femble
avoir voulu fe mettre en opofition avec
elle-même, tant on la trouve différente en un même lieu fous divers afpects.
Au levant, les fleurs du Printems ; au
midi, les fruits de l'Automne ; au nord,
les glaces de l'Hiver : elle réunit toutes les faifons dans le même inftant ;
tous les climats dans le même lieu ; des
terreins contraires fur le même fol ; &
forme l'accord inconnu par-tout ailleurs
des productions des plaines, & de celles des plus hautes montagnes. Ajou-
tez à tout cela les illufions de l'optique,
les pointes des monts différemment

éclairés, & tous les accidens de lumiére qui en réfultent le matin & le foir ;
vous aurez quelqu'idée des fcènes con-
tinuelles qui excitent l'admiration au
milieu d'un femblable théâtre, d'une fi
magnifique perfpective.

* En montant au fommet des montagnes les plus élevées, on atteint au
féjour plus ferein, d'où l'on voit,
dans la faifon, le tonnerre & l'orage fe
former au-deffous de foi ; image trop
vaine de l'ame du Sage, dont l'éxemple n'éxifte jamais, ou n'éxifte qu'aux
mêmes lieux d'où l'on en a tiré l'em-
blême.

* C'eft une impreffion générale qu'é-
prouvent tous les hommes, quoiqu'ils
ne l'obfervent pas tous, que fur les
hautes montagnes où l'air eft pur & fubtil, on fe fent plus de facilité dans la
refpiration, plus de legéreté dans le
corps, plus de férénité dans l'efprit,
les plaifirs y font moins ardens, les paffions plus modérées. Les méditations

y prennent je ne fais quel caractére grand
& fublime , proportionné aux objets
qui nous frapent , je ne fais quelle volupté tranquille qui n'a rien de fenfuel.

* Il femble qu'en s'élevant au-deffus
du féjour des hommes , on y laiffe tous
les fentimens bas & terreftres , & qu'à
mefure qu'on aproche des régions éthé-
rées , l'ame contracte quelque chofe de
leur inaltérable pureté. On y eft grave
fans mélancolie , paifible fans indolen-
ce , content d'être & de penfer : tous
les defirs trop vifs s'émouffent : ils perdent cette pointe aigue qui les rend
douloureux , ils ne laiffent au fond du
cœur qu'une émotion legére & douce ,
& c'eft ainfi qu'un heureux climat fait
fervir à la félicité de l'homme les paffions qui font ailleurs fon tourment.
Des bains d'un tel air falutaire & bienfaifant , feroient un des plus grands re-
médes de la Médecine & de la Morale.

* Dans ce qu'on apelle honneur , il

faut diftinguer celui qui fe tire de l'o-
pinion publique, d'avec celui qui dérive de l'eftime de foi-même. Le premier confifte en vains préjugés plus mo-
biles qu'une onde agitée ; le fecond a
fa bafe dans les vérités éternelles de la
Morale. L'honneur du monde peut être
avantageux à la fortune ; mais il ne pénétre point dans l'ame & n'influe en rien
fur le vrai bonheur. L'honneur véritable, au contraire, en forme l'effence,
parce qu'on ne trouve qu'en lui ce fentiment permanent de fatisfaction intérieure, qui feul peut rendre heureux
un être penfant.

* Malheur à quiconque prêche une
Morale qu'il ne veut pas pratiquer !
Celui qu'aveugle fa paffion jufqu'à ce
point, en eft bien-tôt puni par elle, &
perd le goût des fentimens auxquels il
a facrifié fon honneur.

* L'amour eft privé de fon plus
grand charme, quand l'honnêteté l'a-
bandonne ; pour en fentir le prix, il

faut que le cœur s'y complaife , & qu'il nous éléve en élevant l'objet aimé. Otez l'idée de la perfection, vous ôtez l'enthoufiafme ; ôtez l'eftime , & l'amour n'eft plus rien.

* Le premïer mouvement aux attaques vives eft de réfifter , & l'on demeure vainqueur tant que l'ennemi avertit de prendre les armes. C'eft au milieu du fommeil, c'eft dans le fein d'un doux repos , qu'il faut fe défier des furprifes.

* Ce qui rend le poids des maux infuportable , c'eft leur continuité ; & l'ame réfifte bien plus aifément aux vives douleurs qu'à la triftefe plongée. Les actions héroïques le font moins que la réfiftance à des peines fans relâche.

* C'eft un préfent fatal du Ciel qu'une ame fenfible ! Celui qui l'a reçu , doit s'attendre à n'avoir que peine & douleur : le foleil ou les brouillards , l'air couvert ou ferein, régleront fa deftinée ; & il fera content ou trifte au gré
des

des vents. Victimes des préjugés , il
trouvera dans d'abſurdes maximes un
obſtacle invincible aux juſtes vœux de
ſon cœur. Les hommes le puniront d'a-
voir des ſentimens droits de chaque choſe , & d'en juger par ce qui eſt véritable plutôt que par ce qui eſt conven-
tion. Il cherchera la félicité ſouveraine ,
ſans ſe ſouvenir qu'il eſt homme : ſon
cœur & ſa raiſon ſeront inceſſamment
en guerre , & des deſirs ſans borne lui
prépareront d'éternelles privations. (*)

 * Une fille bien née & bien élevée

(*) Il y a de l'équivoque dans tout cela, &
il faut y aporter divers correctifs. L'Auteur dé-
crit ici la ſenſibilité machinale , & même les
travers de l'hypocondrie. En ſuivant de pareils guides , il eſt certain qu'on s'égare & qu'on
s'attire mille maux. Mais la raiſon doit épurer
la ſenſibilité , dompter ou affoiblir l'effet du tempérament , & alors l'homme ſenſible & raiſonnable , trouve dans ſa ſenſibilité même une ſource de plaiſirs. Il ne deſire que ce qu'il peut obtenir , & n'eſtime point abſurdes des maximes
utiles à la ſociété qui l'empêchent de jouir en
tout-tems de tout ce qui excite ſa cupidité.

B

paſſe ſa vie de la maniére la plus agréable & la mieux décente. Le matin elle
ſort d'un paiſible ſommeil : ſon teint a
la fraîcheur de la roſe, ſon ame jouit
d'une douce paix ; elle offre à celui dont
elle tient l'être, un jour qui ne ſera
point perdu pour la vertu. Elle paſſe
enſuite chez ſa mere ; les tendres affections de ſon cœur s'épanchent avec les
Auteurs de ſes jours ; elle les ſoulage
dans le détail des ſoins de la Maiſon ;
elle lui adreſſe une exhortation ſecret-
te ; elle demande grace pour un autre ;
elle occupe enſuite ſon ennui des
travaux de ſon ſexe ; elle orne ſon
ame de connoiſſances utiles ; elle ajoute à ſon goût exquis les agrémens des
beaux arts, & ceux de la danſe à ſa
legéreté naturelle. Une parure ſimple
& élégante orne des traits où régnent
la douceur & la ſérénité. Elle charme
une honnête ſociété par ſes diſcours
ſenſés & modeſtes ; quelquefois auſſi,
en riant avec ſes compagnes, elle ra-

méne une jeuneſſe folâtre au ton de la
ſageſſe & des bonnes mœurs. Elle eſt
en ſouci ſur la peine ignorée d'une famille indigente ; elle s'occupe à ſecou-
rir ou conſoler la triſte veuve & l'or-
phelin délaiſſé.

* Quand le vice a corrompu l'ame,
le premier de ſes effets eſt de nous faire
accuſer autrui de nos crimes.

Un inſtant d'égarement ſuffit pour
perdre à jamais. Lorſqu'une fille tombe dans l'abîme de l'ignominie, elle
n'en revient point ; & ſi elle vit, c'eſt
pour être plus malheureuſe.

* Les mauvaiſes maximes ſont pires
que les mauvaiſes actions. En effet,
les paſſions déréglées inſpirent les mauvaiſes actions ; mais les mauvaiſes maximes corrompent la raiſon même, &
ne laiſſent plus de reſſource pour reve-
nir au bien.

* En cédant aux foibleſſes de l'a-
mour, on le prive de ſon plus grand
charme. Le doux enchantement de ver-

B 2

tu s'évanouit comme un songe; les feux réciproques perdent cette ardeur célesté, qui les animoit en les épurant : on cherche le plaifir , & le bonheur s'enfuit. Il n'y a point de momens plus délicieux que ceux où deux cœurs s'uniffent d'autant mieux qu'ils fe refpectent davantage , où la paffion tire de fon propre excès la force de fe vaincre elle-même , où l'innocence confole de la contrainte , où les hommages rendus à l'honneur , tournent tous au profit de l'amour.

* C'eft le dernier degré de l'oprobre de perdre avec l'innocence le fentiment qui la faifoit aimer.

* Toutes les grandes paffions fe forment dans la folitude , on en a point de femblables dans le monde , où nul objet n'a le tems de faire une profonde impreffion , & où la multitude des goûts énerve la force des fentimens.

* Le cœur ne fe nourrit point dans le tumulte du monde. Les faux plaifirs lui

rendent la privation des vrais plus amére , & il préfére la fouffrance à de vains
dédommagemens.

* L'occafion de faire des heureux eft
plus rare qu'on ne penfe , la punition de
l'avoir manquée , eft de ne la plus retrouver ; & l'ufage qu'on en fait , laiffe
un fentiment éternel de contentement
ou de repentir.

* Il y a une volupté cruelle qui en-
durcit aux maux d'autrui. Malheur à
qui ne fait pas facrifier un jour de plaifir aux devoirs de l'humanité !

* Tel eft l'effet affuré des facrifices
qu'on fait à la vertu ; s'ils coûtent fouvent à faire , il eft toujours doux de les
avoir faits , & l'on n'a jamais vû perfonne fe repentir d'une bonne action.

* Il y a un certain uniffon d'ames
qui s'aperçoit au premier inftant , &
qui produit bien-tôt la familiarité.

* Bien des gens font par tempérament ce qu'ils penfent être par Méthode ; & le vernis ftoïque qu'ils mettent

à leurs actions, ne confiste qu'à parer
de beaux raisonnemens le parti que le
cœur leur a fait prendre.

* La politesse ordinaire est réservée,
circonspecte, & se régle uniquement
sur l'extérieur ; celle de l'humanité se
pique moins de distinguer au premier
coup d'œil les états & les rangs, & respecte en général tous les hommes.

* La privation des graces, est un défaut que les femmes pardonnent rarement aux hommes. Les plus sensées
sont quelquefois femmes en ce point.

* Il y a des offres vagues, dont un air
de puissance, & la facilité de les éluder,
rendent souvent les Grands prodigues.

* La patience est amére ; mais son
fruit est doux.

* On ne sauroit imaginer un modèle commun de perfection pour les deux
sexes. L'attaque & la défense, l'audace des hommes, la pudeur des femmes,
ne sont point des conventions, comme
le pensent quelques Philosophes ; ce

font des inſtitutions, dont il eſt facile de rendre raiſon, & d'où ſe déduiſent aiſément toutes les autres diſtinctions morales, les modifications extérieures annoncent l'intention de l'ouvrier dans les modifications de l'eſprit. Une femme parfaite & un homme parfait, ne doivent pas plus ſe reſſembler d'ame que de viſage; ces vaines imitations de ſexe font le comble de la déraiſon; elles font rire le ſage, & fuir les Amours. A moins d'avoir cinq pieds & demi de haut, une voix de baſſe, & de la barbe au menton, l'on ne doit point ſe mêler d'être homme (*).

* L'Amant qui loue dans l'objet aimé

(*) Ceci tient encore du Sophiſme. Il eſt réel que les ames n'ont point de ſexe, qu'elles ſont faites pour les mêmes connoiſſances, & apellées à la pratique des mêmes vertus. Les différences ſont accidentelles; elles viennent de l'éducation & des uſages. Mais une femme judicieuſe aſſocie les vertus eſſentielles aux deux ſexes avec les bienſéances du ſien.

des perfections imaginaires, les voir en
effet tel qu'il les reprefente; il ne ment
point, en difant des menfonges; il flatte fans s'avilir, & l'on peut au moins
l'eftimer fans le croire.

* L'harmonie n'eft qu'un acceffoire
éloigné dans la Mufique imitative; il
n'y a dans l'harmonie proprement dite
aucun principe d'imitation. Elle affure,
il eft vrai, les intonations; elle porte
témoignage de leur juftefle, & rendant
les modulations plus fenfibles, elle ajoute de l'énergie à l'expreffion, & de la
grace au chant. Mais c'eft de la feule
mélodie que fort cette puiffance invincible des accens paffionnés, c'eft d'elle
que dérive tout le pouvoir de la Mufique
fur l'ame; formez les plus favantes fuc-
ceffions d'accords fans mêlange de mélodie, vous ferez ennuyé au bout d'un
quart-d'heure. De beaux chants fans aucune harmonie, font long-tems à l'é-
preuve de l'ennui. Que l'accent du fentiment anime les chants les plus fimples,
ils

ils feront intéreffans. Au contraire, une mélodie qui ne parle point, chante toujours mal; & la feule harmonie n'a jamais rien fû dire au cœur. (*)

* La conduite d'un homme échauffé par le vin n'eft fouvent que l'effet de ce qui fe paffe au fond de fon cœur dans les autres tems.

* Tant de gens parlent d'amour, & fi peu favent aimer, que la plûpart prennent pour fes pures & douces loix les viles maximes d'un commerce abject, qui, bien-tôt affouvi de lui-même, a recours aux monftres de l'imagination, & fe déprave pour fe foutenir.

* Le véritable amour eft le plus chafte de tous les liens. La débauche & l'amour ne fauroient loger enfemble, & ne peuvent pas même fe compenfer. Le

(*) Nous nous bornerons à cet échantillon d'une controverfe, dans laquelle M. J. J. R. a toujours montré beaucoup de chaleur, & qui n'eft rien moins que décidée.

C

cœur fait le vrai bonheur quand on s'aime, & rien n'y peut supléer, fi-tôt qu'on
ne s'aime plus.

* Dans tout ce qui flatte les fens, l'a-
bus n'eft point inféparable de la jouiffance. La Philofophie n'eft ni affez vaine, ni affez cruelle, pour n'offrir d'autre moyen d'ufer modérément des cho-
qui plaifent, que de s'en priver tout-à-
fait.

* Les vertus qu'on poffède réellement
ne fauroient périr fous les témoignages
d'un calomniateur. L'honneur du fage
n'eft point à la merci du premier brutal qu'il peut rencontrer.

* Les difcours d'un menteur ne deviennent point des vérités, fi-tôt qu'ils
font foutenus à la pointe de l'épée. Vertu, vice, honneur, infamie, vérité,
menfonge; tout cela ne fauroit tirer fon
être de l'événement d'un combat.

Quel eft ce miférable honneur qui
ne craint pas le vice, mais le reproche,
& qui ne permet pas d'endurer d'un

autre un démenti reçu d'avance dans
ſon propre cœur ?

* Le ſolide honneur n'eſt point varia-
ble ; il ne dépend, ni des tems, ni des
lieux, ni des préjugés ; il ne peut ni
paſſer, ni renaître ; il a ſa ſource éternelle dans le cœur de l'homme juſte &
dans la régle inaltérable de ſes devoirs.

* Quiconque aime ſincérement la
Vertu, doit aprendre à la ſervir à ſa
mode, & non à la mode des hommes.

* Si le Philoſophe, ſi le Sage, ſe ré-
glent dans les plus grandes affaires de la
vie ſur les diſcours inſenſés de la multitude, que ſert tout cet apareil d'études pour n'être au fond qu'un homme
vulgaire ?

* Il y a bien plus de lâcheté dans la
crainte d'être accuſé de craindre la mort,
que dans celle de la mort même.

* Celui qui feint d'enviſager la mort
ſans effroi, ment. Tout homme craint de
mourir : c'eſt la grande loi des êtres ſenſibles, ſans laquelle toute l'eſpéce mor-

telle feroit bien-tôt détruite. Cette
crainte eft un fimple mouvement de la
Nature, non-feulement indifférent,
mais bon en lui-même, & conforme à
l'ordre. Tout ce qui la rend honteufe
& blâmable, c'eft qu'elle peut nous empêcher de bien faire & de remplir nos
devoirs. Si la lâcheté (*) n'étoit jamais
un obftacle à la vertu, elle cefferoit
d'être un vice.

* Celui qui s'eftime véritablement
lui-même, eft peu fenfible à l'injufte
mépris des autres, & ne craint que d'en
être digne ; car le bon & l'honnête ne
dépendent point du jugement des hommes, mais de la nature des chofes. Quand
toute la terre aprouveroit une action honteufe en foi, elle n'en demeureroit pas
moins telle.

* Ce qui rend la modération péni-

(*) Cela ne peut s'entendre que relativement à
la bravoure ; car on attache au terme de lâcheté d'autres fens à l'égard defquels elle eft,
& ne peut ceffer d'être vicieufe.

ble à un homme ordinaire, c'est la difficulté de la soutenir dignement; c'est la nécessité de ne commettre dans la suite aucune action blâmable.

* Les hommes ombrageux & prompts à provoquer les autres, font pour la plûpart de très-malhonnêtes gens, qui, de peur qu'on n'ose leur montrer ouvertement le mépris qu'on a pour eux, s'efforcent de couvrir de quelques affaires d'éclat l'infamie de leur vie intérieure.

* Tel fait un effort & se presente une fois au danger, pour avoir droit de se cacher le reste de sa vie. Le vrai courage a plus de constance & moins d'empressement; il est toujours ce qu'il doit être; il ne faut ni l'exciter, ni le retenir: l'homme de bien le porte par-tout avec lui; au combat contre l'ennemi; dans un cercle en faveur des absens & de la vérité; dans son lit contre les attaques de la douleur & de la mort. La force de l'ame qui l'inspire, est d'usage

C 3

dans tous les tems ; elle met toujours la
vertu au-deſſus des événemens , & ne
conſiſte pas à fraper de grands coups ,
mais à ne rien craindre.

* Celui qui cherche un péril inutile, n'eſt pas moins mépriſable que
celui qui fuit un péril qu'il doit af-
fronter.

* Celui qui va ſe battre de gaieté de
cœur , eſt une bête féroce , qui s'efforce
d'en déchirer une autre ; & s'il reſte le
moindre ſentiment naturel dans leur
ame , celui qui périt eſt moins à plaindre que le vainqueur.

* Les hommes accoutumés au ſang ,
ne bravent les remords qu'en étouffant
la voix de la nature ; ils deviennent par
dégrés cruels, inſenſibles ; ils ſe jouent
de la vie des autres ; & la punition d'a-
voir pu manquer d'humanité, eſt de la
perdre enfin tout-à-fait.

* Il y a des hommes qui croyent leur
ame au-deſſus des paſſions , parce qu'ils
en ont déja reſſenti quelqu'une qui ne

permet plus à d'autres de germer pro-
fondément. Ils prennent l'épuifement
du cœur pour l'effort de la raifon.

* On ne peut juger des ames extraordinaires fur les régles communes ; le
bonheur n'eft pour elles ni fur la même
route , ni de la même efpéce que celui
des autres hommes.

* Tout eft plein n de ces poltrons
adroits, qui cherchent, comme on
dit , à tâter leur homme , c'eft-à-dire ,
à découvrir quelqu'un qui foit encore
plus poltron qu'eux, & aux dépens du-
quel ils puiffent fe faire valoir.

* Jamais homme fans défaut eut-il
de grandes vertus ? (*)

_____

(*) *Le tour faillant de cette penfée en im-*
pofe ; mais elle eft plus éblouiffante que folide.
On a des défauts , parce qu'on eft homme : mais
on n'a pas des vertus , parce qu'on a des défauts.
Certains défauts font le principe de qualités
extraordinaires : mais plufieurs de ces quali-
tés ne font pas des vertus , ou ce qu'elles ont
de vertueux , bien loin de devenir \des défauts
auxquels elles tiennent , eft altéré par eux.

C 4

* La Noblesse, vaine prérogative. La véritable noblesse n'est point écrite d'encre en de vieux parchemins ; elle est gravée au fond du cœur en caractéres ineffaçables.

* Combien de grands noms retomberoient dans l'oubli , si l'on ne tenoit compte que de ceux qui ont commencé par un homme estimable !

* Dans les passions véhémentes & compliquées , les mouvemens oposés s'entredétruisent. Une sorte de stupidité rend l'ame presque insensible , & ne laisse l'usage ni des passions , ni de la raison.

* La voix d'un ami peut donner une grande chaleur aux raisonnemens d'un Sage.

* Dans un moment où l'épreuve se prépare au dehors , on ne reçoit jamais de mal que de soi-même ; & le Sage , se portant par-tout avec lui , porte aussi par-tout son repos & son bonheur.

* Le penser mâle des ames fortes

leur donne un idiôme particulier ; & les ames communes n'ont pas la Grammaire de cette langue.

* On doit être humilié quand on a contracté des habitudes qui forcent aux précautions les plus gênantes.

* Quoique l'uſage ordinaire ſoit d'annoncer par degrés les triſtes nouvelles, il y a des imaginations fougueuſes, qui ſur un mot portent tout à l'extrême, avec leſquelles il vaut mieux ſuivre une route contraire, en les accablant d'abord, pour leur ménager enſuite des adouciſſemens.

* L'idée de la mort de ce qu'on aime eſt ſi affreuſe, qu'il n'y en a point qui ne ſoit douce à lui ſubſtituer.

* On n'a pas tout perdu ſur la terre, quand on y retrouve un fidèle ami.

* En obſervant les premiers ſymptômes d'un tranſport de paſſion, on ne ſauroit dire quel en ſera l'effet & le terme; cela dépend d'une combinaiſon du caractére de l'homme, du genre de ſa

paſſion, des circonſtances qui peuvent naître, de mille choſes que nulle prudence humaine ne ſauroit déterminer.

* L'ame ne peut guére s'occuper long-tems & fortement d'un objet, ſans contracter de diſpoſitions qui s'y raportent.

* La ſublime raiſo ne ſe ſoutient que par la même vigueur de l'ame, qui fait les grandes paſſions (*).

* Il faut s'intéreſſer pour les malheureux, non par un ſimple ſentiment de commiſération, qui peut n'être qu'une

---

(*) Je croirois au contraire que le feu ou la vivacité d'où naiſſent les grandes paſſions, & la force ou la ſolidité qui caractériſe la raiſon, ſont deux principes opoſés, incompatibles, & qui ſe diſputent l'empire de notre ame. On peut dire, à la vérité, que les ames communes ne ſont ſuſceptibles, ni de ce feu, ni de cette force : mais quoi! n'y a-t'il pas des gens d'un eſprit très-borné, & d'une raiſon très-ſuperficielle, en qui les paſſions parviennent au comble de leur impétuoſité La ſublime raiſon tient à l'entendement : la fougue des paſſions aux ſens & à l'imagination.

foibleffe ; mais par la confidération de la juftice & de l'ordre, qui veulent que chacun foit placé de la maniére la plus avantageufe à lui-même & à la Société.

* La diverfité d'état & de fortune s'éclipfe & fe confond dans le mariage , elle ne fait rien au bonheur ; mais celle de caractére & d'humeur refte, & c'eft par elle qu'on eft heureux ou malheureux. L'enfant qui n'a de régle que l'amour, choifit mal ; le pere qui n'a de régle que l'opinion , choifit plus mal encore.

* Une union qu'a formé la fageffe, doit croître avec l'âge, & durer autant qu'elle. Heureux ceux que l'amour affortit comme auroit fait la raifon ?

* Un cœur malade ne peut guére écouter la raifon que par l'organe du fentiment.

* On peut vivre beaucoup en peu d'années, & acquérir une grande expérience à fes dépens : c'eft alors le che-

min des passions qui conduit à la Philosophie.

* Il y a des ames assez ressemblantes pour n'avoir aucun caractére marqué, dont on puisse au premier coup d'œil assigner les différences ; & cet embarras de les définir les fait prendre pour des ames communes, par un observateur superficiel. Mais c'est cela même qui les distingue, qu'il est impossible de les distinguer, & que les traits du modèle commun dans quelqu'un manque toujours à chaque individu, brillent tous également en elles. Ainsi chaque épreuve d'une estampe a ses défauts particuliers, qui lui servent de caractére ; & s'il en vient une qui soit parfaite, il faut la considérer long-tems pour la reconnoître.

* Quand l'amour s'est insinué trop avant dans la substance de l'ame, on ne peut plus l'en chasser, il en renforce & pénétre tous les traits, comme une eau forte & corrosive.

* L'aprobation publique peut être incessamment démentie par le cri de la conscience. Alors on est honoré & méprisable. Il vaut mieux être méprisé, ou du moins oublié, & vertueux.

* Un cœur foible, & flottant entre des passions contraires, n'a plus que le choix de ses fautes. S'il vient par hazard à prendre le meilleur parti, la vertu ne l'a point guidé, & il n'en a pas moins de remords.

* Quand il s'agit de prudence, l'amitié vient au secours d'une ame agitée ; s'il faut choisir le bien ou le mal, la passion qui les méconnoît peut se taire devant un conseil désintéressé.

* On peut résister à tout, hors à la bienveillance : il n'y a point de moyen plus sûr d'acquérir l'affection des autres, que de leur donner la sienne.

* Les ames d'une trempe supérieure transforment, pour ainsi dire, les autres en elles-mêmes ; elles ont une sphére d'activité, dans laquelle rien ne leur ré-

fifte ; on ne peut les connoître fans voû-
loir les imiter , & de leur fublime élévation, elles attirent à elles tout ce qui les
environne. De telles ames ne connoiffent
jamais bien les hommes ; elles les voyent
plutôt comme elles les font, que comme
ils font d'eux-mêmes.

* Qu'eft-ce qui rend les amitiés fi
tiédes & fi peu durables entre les
femmes, entre celles mêmes qui fauroient aimer ? Ce font les intérêts de
l'amour ; c'eft l'empire de la beauté ;
c'eft la jaloufie des conquêtes.

* Il n'y a point d'afyle sûr que celui
où l'on peut échaper à la honte & au
repentir.

* C'eft être déja coupable que de
vouloir aller jufqu'au point où l'on commence à le devenir ; & l'on ne cherche
pas fcrupuleufement le terme de fes devoirs, quand on n'eft point tenté de
le paffer.

* Il y a fouvent plus de ftupidité que
de courage dans une conftance aparen-

te ; le vulgaire ne connoît point de vio-
lentes douleurs, & les grandes paſſions ne
germent guére chez les hommes foibles.

* La fauſſe Philoſophie eſt un langage trompeur qui ne conſiſte qu'en vains
diſcours ; c'eſt un fantôme, une ombre,
qui nous excite à menacer de loin les
paſſions, & nous laiſſe comme un faux
brave à leur aproche.

* Si l'on veut ſavoir laquelle eſt vraiment déſirable, de la fortune, ou de la
vertu, il n'y a qu'à ſonger à celle que
le cœur préfére quand ſon choix eſt
impartial. Charme inconcevable de la
beauté qui ne périt point ! ce ne ſont pas
les vicieux au faîte des honneurs, dans le
ſein des plaiſirs, qui font envie ; ce ſont les
vertueux infortunés, & l'on ſent au fond
de ſon cœur la félicité réelle que cou-
vroient leurs maux aparens. Ce ſentiment eſt commun à tous les hommes,
& ſouvent même en dépit d'eux. Ce
divin modèle que chacun porte en lui,
nous enchante malgré que nous en

ayons ; fi-tôt que la paſſion nous permet de le voir, nous lui voulons reſſembler. Si le plus méchant des hommes pouvoit être un autre que lui-même, il voudroit être un homme de bien.

* Les vertus privées ſont ſouvent
d'autant plus ſublimes qu'elles n'aſpi-
rent point à l'aprobation d'autrui, mais
ſeulement au bon témoignage de ſoi-
même. La conſcience du juſte lui tient
lieu des louanges de l'Univers. La
grandeur de l'homme apartient à tous
les états, & nul ne peut être heureux,
s'il ne jouit de ſa propre eſtime ; car ſi
la véritable jouiſſance de l'ame eſt dans
la contemplation du beau, comment
le méchant peut-il l'aimer dans autrui,
ſans être forcé de ſe haïr lui-même ?

* Les ſens & les plaiſirs groſſiers ſont
des piéges peu dangereux pour un cœur
ſenſible, & il lui en faut de plus déli-
cats. Ce qui eſt à craindre pour lui,
ce ſont les maximes & les leçons du
monde ; c'eſt la force terrible de l'éxemple

ple univerfel & continuel du vice : ce
font les fophifmes adroits dont il fe
colore.

* Une réfléxion qui doit l'empor-
ter fur la fauffe raifon du vice , fur les
fiéres erreurs des infenfés , & qui doit
fuffire pour diriger au bien la vie de
l'homme fage , c'eft que la fource du
bonheur n'eft toute entiére , ni dans
l'objet defiré , dans le cœur qui le pof-
féde , mais dans le raport de l'un &
de l'autre ; & que , comme tous les
objets de nos defirs ne font pas propres
à produire la félicité , tous les états du
cœur ne font pas propres à la fentir. Si
l'ame la plus pure ne fuffit pas feule à
fon propre bonheur , il eft plus fûr encore que toutes les délices de la terre
ne fauroient faire celui d'un cœur dé-
pravé ; car il y a des deux côtés une
préparation néceffaire , un certain concours , dont réfulte ce précieux fentiment recherché de tout être fenfible ,
& toujours ignoré du faux Sage , qui

D

s'arrête au plaisir du moment , faute de connoître un bonheur durable.

　* Que serviroit donc d'acquérir un de ces avantages aux dépens de l'autre , de gagner au-dehors pour perdre encore plus au-dedans , & de se procurer les moyens d'être heureux , en perdant l'art de les employer ? Ne vaut-il pas mieux encore , si l'on ne peut avoir qu'un d'eux , sacrifier celui que le sort peut rendre à celui qu'on ne recouvre point , quand on l'a perdu ?

　* Comment jouir d'un bien dont on a perdu le goût ? Pour pouvoir posséder ce qu'on aime , il faut garder le même cœur qui l'a aimé.

　* Les ames humaines veulent être accouplées pour valoir tout leur prix , & la force unie des amis , comme celle des lames d'un aimant artificiel , est incomparablement plus grande que la somme de leurs forces particuliéres. Divine amitié , c'est là ton triomphe ! Mais qu'est-ce que la seule amitié au-

près de cette union parfaite¹, qui joinᵗ toute l'énergie de l'amitié des liens cens fois plus sacrés ?

* Les premiers besoins, ou du moins les plus sensibles, font ceux d'un cœur bienfaifant ; & tant que quelqu'un manque du néceſſaire, quel honnête homme a du superflu ?

* L'homme de bien entre avec une secrette horreur dans le vaste desert du grand nombre. Ce chaos ne lui offre qu'une solitude affreuse, où régne un morne silence. Son ame à la preſſe cherche à s'y répandre, & se trouve partout reſſerrée. Il n'eſt seul que dans la foule ; son cœur voudroit parler, il sent qu'il n'eſt point écouté ; il voudroit répondre, on ne lui dit rien qui aille juſqu'à lui. Il n'entend point la langue du pays, & perſonne n'entend la sienne.

* Le moyen d'être auſſi-tôt l'ami de quelqu'un qu'on n'a jamais vû ! L'honnête intérêt de l'humanité, l'épanchement simple & touchant d'une ame fran-

che, ont un langage bien différent des
fausses démonstrations de la politesse ,
& des dehors trompeurs que l'usage du
monde éxige. Il est bien à craindre que
celui qui dès la première vue , vous traite comme un ami de vingt ans , ne vous
traite au bout de vingt ans, comme un inconnu , si vous avez quelque service im-
portant à lui demander. Quand on voit
des hommes dissipés prendre un intérêt
si tendre à tant de gens , on présume vo-
lontiers qu'ils n'en prennent à personne.

* Le vrai ton de la bonne conversation est coulant & naturel ; il n'est ni
pesant, ni frivole ; il est savant sans pé-
danterie, gai sans tumulte , poli sans
affectation, galant sans fadeur, badin
sans équivoque. Ce ne sont, ni des dif-
sertations, ni des épigrammes ; on y
raisonne sans argumenter ; on y plai-
sante sans jeux des mots ; on y asso-
cie avec art l'esprit & la raison , les
maximes & les saillies , l'ingénieuse
raillerie & la morale austére. On y par-

le de tout pour que chacun ait quelque chofe à dire ; on n'aprofondit point
les queftions de peur d'ennuyer ; on les
propofe comme en paffant , on les traite avec rapidité , la précifion mene à
l'élégance ; chacun dit fon avis , & l'a-
puye en peu de mots ; nul n'attaque avec
chaleur celui d'autrui ; nul ne défend
opiniâtrément le fien ; on difpute pour
s'éclairer , on s'arrête avant la difpute ;
chacun s'inftruit , chacun s'amufe , tous
s'en vont contens ; & le Sage même
peut raporter de fes entretiens des fujets
dignes d'être médités en filence.

  * Dans les grandes Villes il y a des
coteries où un petit nombre d'hommes
& de femmes penfent pour tous les autres , & tous les autres parlent & agif-
fent pour eux. Comme chacun y fonge
à fes intérêts , & perfonne au bien commun, & que les intérêts particuliers font
toujours opofés entr'eux , c'eft un choc
perpétuel de brigues & de cabales , un
flux & reflux de préjugés , d'opinions

contraires, où les plus échauffés, ani-
més par les autres, ne favent prefque
jamais de quoi il eft queftion. Souvent
même chaque coterie a fes régles, fes
jugemens, fes principes, qui ne font
point admis ailleurs. Le bon, le mauvais, le beau, le laid, la vérité, la
vertu, n'ont qu'une éxiftence locale &
circonfcrite.

Le monde admet des principes
pour la converfation, & d'autres pour
la pratique ; leur opofition ne fcanda-
life perfonne, & l'on eft convenu qu'ils
ne fe raffembleroient point entr'eux.
On n'éxige pas même d'un Auteur,
fur-tout d'un Moralifte, qu'il parle
comme fes Livres, ni qu'il agiffe comme il parle. Ses écrits, fes difcours, fa
conduite, font trois chofes toutes différentes qu'il n'eft point obligé de concilier. En un mot, tout eft abfurde, &
rien ne choque, parce qu'on y eft ac-
coutumé ; & il y a même à cette in-
conféquence une forte de bon air dont

bien des gens fe font honneur.

* Les hommes à qui l'on parle, ne font point ceux avec qui l'on converfe ; leurs fentimens ne partent point de leur cœur, leurs lumiéres ne font point dans leur efprit, leurs difcours ne reprefentent point leurs penfées, on n'aperçoit d'eux que leur figure ; & l'on eft dans une affemblée à peu près comme devant un tableau mouvant, où le fpectateur paifible eft le feul être mû par lui-même.

* L'union des cœurs fait leur véritable félicité ; leur attraction ne connoît point la loi des diftances, ils fe toucheroient aux deux bouts du monde.

* C'eft l'union des ames qui les anime : le plaifir qu'on donne à ce qu'on aime, fait valoir celui qu'il nous rend.

* Tout obfervateur qui fe pique d'efprit, eft fufpect. Sans y fonger, il peut facrifier la vérité des chofes à l'éclat des penfées, & faire jouer fa phrafe aux dépens de la juftice.

* Il y a une gentilleſſe de ſtyle qui n'étant point naturelle, ne vient d'elle-même à perſonne, & marque la prétention de celui qui s'en ſert.

* Le meilleur mariage expoſe à des hazards; & comme une eau pure & calme commence à ſe troubler aux aproches de l'orage, un cœur timide & chaſte ne voit point ſans quelque allarme le prochain changement de ſon ſort.

* Les paſſions impétueuſes rendent les hommes enfans. Un amour forcené ſe nourrit aiſément de chiméres, & il eſt aiſé de donner le change à des deſirs extrêmes par les plus frivoles objets.

* Il n'y a qu'un Géométre & un ſot qui puiſſent parler ſans figures.

* Un même jugement eſt ſuſceptible de cent degrés différens. Comment déterminer celui de ſes degrés qu'il doit avoir : ſinon, par le tour qu'on lui donne ?

* Il

* Il y peu de phrafes qu'on ne puiſſe rendre abſurdes en les iſolant. Cette manœuvre a toujours été le talent des Critiques ſubalternes, ou envieux.

* Les Capitales différent moins entr'elles que les Peuples ; les caractéres nationnaux s'y effacent & ſe confondent en grande partie, tant à cauſe de l'influence commune des Cours qui ſe reſſemblent toutes, que par l'effet commun d'une Société nombreuſe & reſſerrée, qui eſt le même à peu près ſur tous les hommes, & l'emporte à la fin ſur le caractére originel.

* Si l'on veut étudier un peuple, c'eſt dans les Provinces reculées où les hommes ont encore leurs inclinations naturelles, qu'il faut aller les obſerver. En parcourant lentement & avec ſoin pluſieurs de ces Provinces les plus éloignées les unes des autres, toutes leurs différences donnent le génie particulier de chacune : tout ce qu'elles ont de commun & que n'ont pas les autres,

E

forme le génie nationnal ; & ce qui se
trouve par-tout apartient en général à
l'homme.

* C'est un des miracles de l'amour de
faire trouver du plaisir à souffrir ; de
vrais Amans regarderoient comme le pire des malheurs un état d'indifférence &
d'oubli qui leur ôteroit le sentiment de
leurs peines.

* L'étude du monde est remplie de
difficultés, & l'on ne sait pas trop quelle
place il faut occuper pour le bien connoître. Le Philosophe en est trop loin,
l'homme du monde en est trop près.
L'un voit trop pour réfléchir, l'autre
trop peu pour juger du tableau total.
Chaque objet qui frape le Philosophe,
il le considére à part, & n'en pouvant
discerner les liaisons ni les raports avec
d'autres objets qui sont hors de sa portée, il ne le voit jamais à sa place, &
n'en sent ni la raison, ni les vrais effets.
L'homme du monde voit tout, & n'a le
tems de penser à rien. La mobilité des

objets ne lui permet que de les apercevoir & non de les obferver ; ils s'effacent mutuellement avec rapidité , & il ne lui refte du tout que des impreffions confufes qui reffemblent au chaos.

* On ne peut pas non plus voir & méditer alternativement , parce que le fpectacle éxige une continuité d'attention , qui interrompt la réfléxion. Un homme qui voudroit divifer fon tems par intervalles ; entre le monde & la folitude , toujours agité dans fa retraite , & toujours étranger dans le monde , ne feroit bien nulle part. Il n'y auroit d'autre moyen que de partager fa vie en deux grands efpaces , l'un pour voir ; l'autre pour réfléchir. Mais cela même eft prefque impoffible ; car la raifon n'eft pas un meuble qu'on pofe & qu'on reprenne à fon gré;& quiconque a pû vivre dix ans fans penfer , ne penfera de fa vie.

* C'eft encore úne folie de vouloir étudier le monde en fimple fpectateur. Celui qui ne prétend qu'obferver , n'ob-

E 2

serve rien ; parce qu'étant inutile dans les
affaires , & importun dans les plaisirs ; il
n'est admis nulle part. On ne voit agir
les autres qu'autant qu'on agit soi-même , dans l'école du monde comme dans
celle de l'amour , il faut commencer
par pratiquer ce qu'on veut aprendre.

* Tout homme oisif qui veut voir le
monde , doit en prendre les maniéres ,
au moins jusqu'à un certain point ; car
de quel droit éxigeroit-on d'être admis
parmi des gens à qui l'on n'est bon à
rien , & à qui l'on n'auroit pas l'art de
plaire ? Un tel homme doit donc s'é-
xercer autant qu'il est possible à devenir poli sans fausseté , complaisant sans
bassesse , & à prendre si bien ce qu'il y a
de bon dans la société, qu'il puisse y avoir
été souffert sans en adopter les vices.

* La Satyre a peu de cours dans les
grandes Villes , où ce qui n'est que mal
est si simple , que ce n'est pas la peine
d'en parler. Que reste-t'il à blâmer où
la vertu n'est plus estimée ? & de quoi

médiroit-on, quand on ne trouve plus
de mal à rien? Mais malheur à qui prête le flanc au ridicule! sa cauftique en-
preinte eft ineffaçable.

Dans les mêmes fociétés, hommes
& femmes, tous inftruits par l'expérience du monde, & fur-tout par leur confcience, fe réuniffent pour penfer de leur
efpéce auffi mal qu'il eft poffible, toujours philofophant triftement, toujours
dégradant par vanité la nature humaine,
toujours cherchant dans quelque vice la
caufe de tout ce qui fe fait de bien, toujours d'après leur propre cœur médifant
du cœur de l'homme.

* Les gens du monde parlent beaucoup de fentiment, mais il ne faut pas
entendre par-là un épanchement affec-
tueux dans le fein de l'amour ou de l'a-
mitié. C'eft le fentiment mis en grandes maximes générales, & quinteffen-
cié par tout ce que la Métaphyfique a
de plus fubtil. Ce font des raffinemens
inconcevables. Il en eft du fentiment

chez eux , comme d'Homére chez les Pédans , qui lui forgent mille beautés chimériques , faute d'apercevoir les véritables. De cette maniére on dépenſe tout le ſentiment en eſprit ; & il s'en éxale tant dans le diſcours , qu'il n'en reſte plus pour la pratique.

* La bienſéance ſuplée au ſentiment ; on fait par uſage à peu près les mêmes choſes qu'on feroit par ſenſibilité : du moins tant qu'il n'en coûte que des formules , & quelques gênes paſſagéres qu'on s'impoſe pour faire bien parler de ſoi ; car , quand les ſacrifices vont juſqu'à gêner trop long-tems , ou à coûter trop cher , adieu le ſentiment , la bienſéance n'en éxige pas juſques-là.

* Tout eſt compaſſé , meſuré , peſé dans ce qu'on apelle des procédés : tout ce qui n'eſt plus dans les ſentimens , les hommes du monde l'ont mis en régle parmi eux. Nul n'oſe être lui-même. *Il faut faire comme les autres* ; c'eſt la premiére maxime de la ſageſſe. *Cela*

se fait, cela ne se fait pas : voilà la déci-
sion suprême.

* Ces régles ainsi établies, tout le
monde fait à la fois la même chose dans
les mêmes circonstances. Tout va par
tems comme les évolutions d'un Régi-
ment en bataille : vous diriez que ce sont
autant de marionnettes, clouées sur la
même planche & attachées au même fil.

* De quel usage sont les Tragédies
modernes au Peuple qui les voit repre-
senter ? Que lui importe Pompée ou
Sertorius ? Les tragédies des Grecs rou-
loient sur des événemens réels, ou ré-
putés tels par les Spectateurs, & fondés
sur des Traditions historiques. Mais que
fait une flamme héroïque & pure dans
l'ame des Grands ? Ne diroit-on pas
que les combats de l'amour & de la
vertu, leur donnent souvent de mauvai-
ses nuits, & que le cœur a beaucoup
à faire dans les mariages des Rois? Qu'on
juge de la vraisemblance & de l'utilité
de tant de Piéces qui roulent sur ce chimérique sujet !   E 4

* La Comédie doit repréfenter au naturel les mœurs du Peuple pour lequel elle eft faite , afin qu'il s'y corrige de fes vices & de fes défauts , comme on ôte devant un miroir les taches de fon vifage. Térence & Plaute fe trompérent dans leur objet ; mais avant eux Ariftophane & Ménandre avoient expofé aux Athéniens les mœurs Athéniennes , & depuis , le feul Moliére peignit encore plus naïvement celles des François du fiécle dernier à leurs propres yeux. Le Tableau a changé , mais il n'eft plus revenu de Peintre.

* Maintenant on copie au Théâtre les converfations d'une centaine de Maifons de Paris. Il y a dans cette grande Ville cinq ou fix cens mille ames dont il n'eft jamais queftion fur la fcène. Moliére ofa peindre des bourgeois & des artifans , auffi-bien que des Marquis. Socrate faifoit parler des Cochers, Menuifiers , Cordonniers , Maçons. Mais les Auteurs d'aujourd'hui , qui font des

gens d'un autre air, se croiroient désho-
norés, s'ils savoient ce qui se passe au
comptoir d'un Marchand, ou dans la
boutique d'un Ouvrier ; & ils cherchent
dans le rang de leurs personnages l'é-
lévation qu'ils ne peuvent tirer de leur
génie.

* En général il y a beaucoup de discours & peu d'action sur la Scène Fran-
çoise. Tout se passe en beaux Dialogues
bien agencés, bien ronflans, où l'on
voit d'abord que le premier soin de
chaque interlocuteur, est toujours
celui de briller. Presque tout s'énonce
en maximes générales ; & le *je* est
presque aussi scrupuleusement banni du
Théâtre que des Ecrits de Port-Royal.

* Les situations les plus vives ne font
jamais oublier à l'Auteur un bel arrangement de phrases, ni même des atti-
tudes élégantes. Si le désespoir lui plon-
ge un poignard dans le cœur, non content d'observer la décence en tombant,
il ne tombe point : la décence le main-

tient debout après sa mort ; & tous ceux
qui viennent d'expirer, s'en retournent
l'inftant d'après fur leurs jambes.

* L'honnête homme du monde n'est
point celui qui fait de bonnes actions,
mais celui qui dit de belles chofes ; &
un feul propos inconfidéré, lâché fans
réfléxion, peut faire à celui qui le tient
un tort irréparable, que n'effaceroient
pas quarante ans d'intégrité. Auffi, quoique les œuvres des hommes ne reffemblent guére à leurs difcours ! on ne les
peint que par leurs difcours, fans avoir
égard à leurs œuvres.

* Les gens imbus des maximes du
monde prétendent qu'il n'y a que le
demi-Philofophe qui regarde à la réalité
des chofes ; que le vrai Sage ne les con-
fidére que par les aparences : qu'il doit
prendre les préjugés pour principes,
les bienféances pour loix, & que la plus
fublime fageffe confifte à vivre comme les foux.

* Une femme vertueufe ne doit pas

feulement mériter l'eftime de fon mari ; mais l'obtenir : s'il la blâme, elle eft blâmable : & fût - elle innocente, elle a tort, fi-tôt qu'elle eft foupçonnée ; car les aparences même font au nombre de fes devoirs.

*La meilleure maniére de juger de fes lectures, eft de fonder les difpofitions où elles laiffent l'ame. Quelle forte de bonté pourroit avoir un Livre qui ne porte point fes Lecteurs au bien?

* La vérité qui blâme eft plus honorable que la vérité qui loue : car la louange ne fert qu'à corrompre ceux qui la goûtent, & les plus indignes en font toujours les plus affamés ; mais la cenfure eft utile, & le mérite feul la fait fuporter.

* Les Parifiennes fe mettent fi bien, ou du moins, elles en ont tellement la réputation, qu'elles fervent en cela comme en tout de modèle au refte de l'Europe. En effet, on ne peut employer avec plus de goût un habillement plus

bizarre. Elles font de toutes les femmes les moins aſſervies à leur propre
pre mode. La mode domine les Pro-
vinciales, mais les Pariſiennes dominent
la mode, & la ſavent plier, chacune à
ſon avantage. Les premiéres ſont comme des Copiſtes ignorans & ſerviles,
qui copient juſqu'aux fautes d'orthogra-
phe : les autres ſont des Auteurs qui copient en maîtres, & ſavent rétablir les
mauvaiſes leçons.

  * L'Opéra de Paris paſſe à Paris pour
le Spectacle le plus pompeux, le plus
voluptueux, le plus admirable, qu'in-
venta jamais l'art humain. C'eſt, dit-
on, le plus ſuperbe monument de la
magnificence de Louis XIV. On y re-
preſente en effet à grands frais, non-ſeulement toutes les merveilles de la nature, mais beaucoup d'autres merveilles
bien grandes, que perſonne n'a jamais
vues ; & ſûrement Pope a voulu déſi-
gner ce bizarre théâtre par celui où il
dit qu'on voit pêle-mêle des Dieux,

des Lutins , des Monſtres , des Rois ,
des Bergers , des Fées , de la fureur ,
de la joie , un feu , une gigue , une bataille , & un bal. La Bruyére ne con-
cevoit pas comment un ſpectacle auſſi
ſuperbe que l'Opéra pouvoit l'ennuyer
à ſi grands frais. Cela n'eſt pourtant
pas difficile à concevoir pour tout homme qui n'eſt pas dépouvû du goût des
beaux Arts. La Muſique Françoiſe , la
Danſe , & le merveilleux enſemble , feront toujours de l'Opéra de Paris le plus
ennuyeux Spectacle qui puiſſe éxiſter. (*)

＊ La premiére maxime qui introduit
le vice dans une ame bien née , c'eſt
celle qui étouffe la voix de la conſcience par la clameur publique , & réprime
l'audace de bien faire par la crainte du
blâme. Tel vaincroit les tentations qui

―――――――――――――

(*) *Encore une des thèſes particuliéres &*
favorites de M. R. Nous en laiſſons la déci-
ſion aux Connoiſſeurs.

fuccombe aux mauvais éxemples ; tel
rougit d'être modeste , & devient effron-
té par honte , & cette mauvaife honte
corrompt plus de cœurs honnêtes, que
les mauvaifes inclinations. La crainte du
ridicule domine : on braveroit plutôt
cent périls qu'une raillerie. Qu'eft-ce
que cette répugnance qui met un prix
aux railleries de gens , dont l'eftime ne
peut en voir aucun ?

  * Il y a des objets fi odieux qu'il n'eft
pas même permis à l'homme d'honneur
de les voir. L'indignation de la vertu ne
peut fuporter le fpectacle du vice. Le
Sage obferve le défordre public qu'il
ne peut arrêter , il l'obferve , & montre
fur fon vifage attrifté la douleur qu'il
lui caufe ; mais quant aux défordres
particuliers, il s'y opofe, ou en détourne les yeux , de peur qu'ils ne s'auto-
rifent de fa préfence.

  * Dans l'abfence ou le célibat, il ne
faut point à l'honnête homme des ref-

fources dont l'honnête femme n'a pas befoin. Les deux fexes ne font pas fur ce
point de natures différentes.

* Si vous voulez étudier le monde,
fréquentez les gens fenfés, qui le connoiffent par une longue expérience &
de paifibles obfervations, non de jeunes
étourdis, qui n'en voyent que la fuper-
ficie, & des ridicules qu'ils font eux-
mêmes.

* C'eft dans les apartemens dorés
qu'un Ecolier va prendre les airs du
monde ; mais le Sage en aprend les
myftéres dans la chaumiére du pauvre.
C'eft là qu'on voit fenfiblement les
obfcures manœuvres du vice. C'eft là
qu'on s'inftruit par quelques iniquités
fecrettes. Le puiffant & le riche arrachent un refte de pain noir à l'oprimé
qu'ils feignent de plaindre en public.

* Ce n'eft pas d'argent feulement
qu'ont befoin les infortunés ; & il n'y a
que les pareffeux de bien faire qui ne
fachent faire du bien que la bourfe à la

main. Les confolations, les confeils, les foins, les amis, la protection, font autant de reffources que la commifération laiffe au défaut des richeffes, pour le foulagement de l'indigent.

* Quiconque veut être homme en effet, doit favoir redefcendre. L'humanité coule comme une eau pure & falutaire, & va fertilifer les lieux bas : elle cherche toujours le niveau, elle laiffe à fec ces roches arides qui menacent la campagne, & ne donnent qu'une ombre nuifible, où des éclats pour écrafer leurs voifins.

* Comme l'efprit s'étrécit à mefure que l'ame fe corrompt, on fent bien-tôt au contraire, combien l'éxercice des fublimes vertus éleve & nourrit le génie ; combien un tendre intérêt aux malheurs d'autrui fert à mieux en trouver la fource, & à nous éloigner en tous fens des vices qui les ont produits.

* Le parti le plus honnête eft toujours le plus fage. Il n'y a point de

route

route plus sûre pour aller au bonheur
que celle de la vertu. Si l'on y par-
vient, il est plus pur, plus solide, &
plus doux par elle. Si on le manque,
elle seule peut en dédommager.

* En aprenant à penser à un objet
aimable, on aprend de lui à être
sensible ; & cette éducation vaut bien
l'autre. Si c'est la raison qui fait l'homme, c'est le sentiment qui le conduit.

* Quand le bonheur commun de deux
personnes qui s'aiment & voudroient
s'unir devient impossible, chercher le
sien dans celui de ce qu'on aime, c'est
tout ce qui reste à faire à l'amour sans
espoir.

* Le véritable amour a cet avantage
aussi-bien que la vertu, qu'il dédom-
mage de tout ce qu'on lui sacrifie, &
qu'on jouit en quelque sorte des privations qu'on s'impose, par le sentiment
même de ce qu'il en coûte & du motif
qui nous y porte.

* Si l'amour est le plus délicieux

F

sentiment qui puisse entrer dans le cœur humain , tout ce qui le prolonge & le fixe , même au prix de mille douleurs , est encore un bien.

* Si l'amour est un desir qui s'irrite par les obstacles , il n'est pas bon qu'il soit content , il vaut mieux qu'il dure & soit traversé , que de s'éteindre au sein des plaisirs.

* Le plus puissant de tous les obstacles à la durée d'une passion , c'est de n'en avoir plus à vaincre. L'Univers n'a jamais vu de passion soutenir cette épreuve.

* On n'est point sans plaisirs quand on aime encore. L'image de l'amour éteint , effraye plus un cœur tendre que celle de l'amour malheureux ; & le dégoût de ce qu'on possède est un état cent fois pire que le regret de ce qu'on a perdu.

* On ne sauroit nier l'éxistence de ces attachemens nés de la premiére vue , & fondés sur des conformités indéfinissables. Le nombre n'en est que

trop grand. M. Richardson s'en moque ;
mais il auroit mieux fait d'enseigner à
les vaincre.

* L'amour sensuel ne peut se passer
de la possession, & s'éteint par elle.
Le véritable amour ne peut se passer
du cœur, & dure autant que les raports qui l'ont fait naître. Quand ces
raports sont chimériques, il dure au
moins autant que l'illusion qui nous les
fait imaginer.

* On n'aime point si l'on n'est aimé ;
du moins on n'aime pas long-tems. Ces
passions sans retour, qui font, dit-on,
tant de malheureux, ne sont fondées
que sur les sens ; si quelques-unes pé-
nétrent jusqu'à l'ame, c'est par des raports faux, dont on est bien-tôt dé-
trompé.

* Il n'est pas si facile qu'on pense de
renoncer à la vertu. Elle tourmente
long-tems ceux qui l'abandonnent, &
ses charmes, qui font les délices des
ames pures, sont le premier suplice du

méchant, qui les aime encore, & n'en
fauroit plus jouir.

　* La vertu eft fi néceffaire à nos
cœurs, que quand on a une fois abar-
donné la véritable, on s'en fait enfuite
une à fa mode, & l'on y tient plus
fortement, peut-être parce qu'elle eft
de notre choix.

　* Il eft infenfé de chercher dans l'é-
garement de fon cœur un repos qu'on
ne trouve que dans la fageffe.

　* Si le premier défordre eft pénible
& lent, tous les autres font prompts &
faciles. Le preftige des paffions fafcine
la raifon, trompe la fageffe, & change
la nature, avant qu'on s'en aperçoive.
On s'écarte un feul moment de la vie,
on fe détourne d'un feul pas de la droite
route; auffi-tôt une pente inévitable nous
entraîne & nous perd; on tombe enfin dans
le gouffre, & on fe réveille épouvanté de
fe trouver couvert de crimes, avec un
cœur né pour la vertu.

　* Heureux & folidement heureux,

les Epoux que le devoir & l'honnêteté lie! tendres amis, fans brûler de ce feu dévorant qui confume l'ame, ils s'aiment d'un fentiment pur & doux qui la nourrit, que la fageffe autorife, & que la raifon dirige.

* La Providence éternelle veille fur la moindre des œuvres du Créateur : elle fait ramper l'infecte & rouler les Cieux.

* L'Etre dont le Ciel eft le Trône foutient ou détruit, quand il lui plaît, nos propres forces, la liberté qu'il nous donne. (*)

* Il y a des gens qui ne font pas tout-à-fait fans religion : mais ils fe bornent à une religion extérieure & maniérée, qui, fans toucher le cœur, raffure la confcience; à de fimples formules : ils

---

(*) Il feroit difficile de dire dans quelle Ecole de Théologie ou de Philofophie cette décifion eft puifée. Elle eft affez obfcure pour avoir befoin de Commentaire.

croyent éxactement en Dieu à certaines
heures pour n'y plus penfer le refte du
tems. Scrupuleufement attachés au culte
public, ils n'en favent rien tirer pour
la pratique de la vie. Ne pouvant accorder l'efprit du monde avec l'Evan-
gile, ni la foi avec les œuvres, ils prennent un milieu qui contente leur vaine
fageffe, ils ont des maximes pour
croire, & d'autres pour agir : ils ou-
blient dans un lieu ce qu'ils avoient
penfé dans l'autre : ils font dévots à
l'Eglife, & philofophes au logis. Alors
ils ne font rien nulle part : leurs priéres
ne font que des mots, leurs raifonne-
mens des fophifmes, & ils fuivent pour
toute lumiére la fauffe lueur des feux
errans qui les guident pour les perdre.

On ne fauroit fe paffer de la Religion. En vain un heureux inftinct porte au bien, une paffion violente s'éléve,
elle a fa racine dans le même inftinct,
que fera-t-on pour la détruire ? En vain
tire-t'on de la confidération de l'ordre

la beauté de la vertu, & sa bonté de
l'utilité commune : que fait tout cela
contre l'intérêt particulier ? & lequel
au fond importe le plus à l'homme,
de son bonheur aux dépens du reste des
hommes, ou du bonheur des autres aux
dépens du sien ? En vain la crainte de
la honte ou du châtiment empêche
de faire du mal pour son profit : il n'y
a qu'à faire mal en secret : la vertu n'a
plus rien à dire, & l'on punira comme
à Sparte, non le délit, mais la mal-
adresse. En vain enfin le caractére &
l'amour du beau sont empreints par la
nature au fond de l'ame, la régle sub-
sistera aussi long-tems qu'il ne sera point
défiguré : mais comment s'assurer de
conserver toujours dans sa pureté cette
effigie intérieure qui n'a point parmi les
êtres sensibles de modèle auquel on
puisse la comparer ? Ne sait-on pas que
les affections désordonnées corrompent
le jugement ainsi que la volonté, & que
la conscience s'altére & se modifie in-

fenfiblement dans chaque fiécle, dans chaque peuple, dans chaque individu, felon l'inconftance & la variété des préjugés?

* Celui qui adore l'Etre éternel, détruit d'un fouffle ces fantômes de raifon qui n'ont qu'une vaine aparence, & fuient comme un ombre devant l'immortelle vérité. Rien n'éxifte que par celui qui eft. C'eft lui qui donne un but à la juftice, une bafe à la vertu, un prix à cette courte vie employée à lui plaire; c'eft lui qui ne ceffe de crier aux coupables que leurs crimes fecrets ont été vus, & qui fait dire au jufte oublié : tes vertus ont un témoin. C'eft lui, c'eft fa fubftance inaltérable, qui eft le vrai modèle des perfections dont nous portons une image en nous-mêmes. Nos paffions ont beau la défigurer, tous fes traits liés à l'effence infinie fe reprefente toujours à la raifon, & lui fervent à rétablir ce que l'impofture & l'erreur en ont altéré. Tout ce qu'on

qu'on ne peut féparer de l'idée de cette
effence eft Dieu : tout le refte eft l'ouvrage des hommes. ( )

* C'eft à la contemplation de ce divin modèle que l'ame s'épure & s'éleve ; qu'elle aprend à méprifer fes inclinations baffes , & à furmonter fes vils
penchans. Un cœur pénétré de ces fublimes vérités fe refufe aux petites paffions des hommes ; cette grandeur infinie le dégoûte de leur orgueil ; le charme de la méditation l'arrache aux idées
terreftres ; & quand l'Etre immenfe
dont il s'occupe n'éxifteroit pas , il feroit encore bon qu'il s'en occupât fans
ceffe , pour être plus maître de lui-même , plus fort, plus heureux, & plus
fage.

* Ce n'eft pas feulement l'intérêt des
Epoux ; c'eft la caufe commune de tous

(*) *A l'exception de ce qui eft fondé fur une
Révélation qui a des caractéres autentiques de
Divinité.*

G

les hommes, que la pureté du mariage ne foit point altérée. Chaque fois
que deux Epoux s'unifſent par un nœud
folemnel, il intervient un engagement
tacite de tout le genre-humain, de ref-
pecter ce lien facré, d'honorer en eux
l'union conjugale ; & c'eft une raifon
très-forte contre les mariages clandef-
tins, qui n'offrant nul figne de cette
union, expofent des cœurs innocens à
brûler d'un flamme adultére.

* Il n'y a point de crime que ceux
qui croyent l'éxiftence de Dieu & l'im-
mortalité de l'ame puiffent apeller fecret, puifque tout crime a pour témoin
le premier offenfé, & le feul vrai Juge.
Etrange fecret que celui qu'on dérobe
à tous les yeux, hors ceux à qui l'on a
plus d'intérêt à le cacher !

* Où chercher la faine raifon, fi-
non, dans celui qui en eft la fource ?
& que penfer de ceux qui confacrent à
perdre les hommes ce flambeau divin
qu'il leur donna pour les guider ? Dé-

fions-nous d'une Philofophie en paroles ; défions-nous d'une fauffe vertu qui
frape toutes les vertus , & s'aplique à
juftifier tous les vices pour s'autorifer à
les avoir tous. Le meilleur moyen de
trouver ce qui eft bien , eft de le chercher fincérement ; & l'on ne peut long-
tems le chercher ainfi fans remonter à
l'Auteur de tout bien.

* N'eft-il pas bien indigne d'un homme de ne pouvoir jamais s'accorder avec
lui-même , d'avoir une régle pour fes
actions, une autre pour fes fentimens ,
de penfer comme s'il étoit fans corps ,
d'agir comme s'il étoit fans ame , & de
ne jamais aproprier à foi tout entier rien
de ce qu'il fait en toute fa vie ?

* Un incrédule , d'ailleurs heureu-
fement né , fe livre aux vertus qu'il aime : il fait le bien par goût, & non par
choix. Si tous fes defirs font droits , il
les fuit fans contrainte : il les fuivroit
de même , s'ils ne l'étoient pas : car
pourquoi fe gêneroit-il ? Mais celui qui

G 2

reconnoît & fert le pere commun des hommes, fe croit une plus haute deftination : l'ardeur de la remplir anime fon zèle, & fuivant une régle plus fûre que fes penchans, il fait faire le bien qui lui coûte, & facrifier les defirs de fon cœur à la loi du devoir.

    * Une ame une fois corrompue, l'eft pour toujours, & ne revient plus au bien d'elle-même : à moins que quelque révolution fubite, quelque brufque changement de fortune & de fituation, ne change tout-à-coup fes raports, & par un violent ébranlement, ne l'aide à retrouver une bonne affiette. Toutes fes habitudes étant rompues, toutes fes paffions modifiées dans ce bouleverfement général, on reprend quelquefois fon caractére primitif, & l'on devient comme un nouvel être récemment forti des mains de la Nature. Alors le fouvenir de fa précédente baffeffe peut fervir de préfervatif contre une rechute. Hier on étoit abject & foi-

ble ; aujourd'hui l'on eft fort & magna-
nime. En fe contemplant de fi près dans
deux états fi différens , on en fent
mieux le prix de celui où l'on eft re-
monté , & l'on en devient plus attentif
à s'y foutenir.

* Le cœur nous trompe en mille maniéres , & n'agit que par un principe
toujours fufpect , mais la raifon n'a d'autre fin que ce qui eft bien : fes régles
font fûres, claires, faciles dans la conduite de la vie ; & jamais elle ne s'égare que dans d'inutiles fpéculations qui
ne font pas faites pour elle.

* L'ordre qu'un Maître fage met
dans fa maifon eft l'image de celui qui
régne au fond de fon ame : il femble
imiter dans un petit ménage l'ordre éta-
bli dans le gouvernement du Monde.
On n'y voit, ni cette infléxible régularité qui donne plus de gêne que d'avan-
ge , & n'eft fuportable qu'à celui qui
l'impofe , ni cette confufion mal entendue , qui, pour trop avoir , ôte l'ufage

de tout. On y reconnoît toujours la
main du Maître, & l'on ne la fent jamais ; il a fi bien ordonné le premier
arrangement qu'enfuite tout va tout
feul, & qu'on jouit à la fois de la régle & de la liberté.

* C'eft une erreur de croire que l'a-
mour eft néceffaire pour former un heureux mariage. L'honnêteté, la vertu,
de certaines convenances, moins de
conditions & d'âges, que de caractéres
& d'humeurs, suffifent entre deux
Epoux : ce qui n'empêche point qu'il
ne réfulte de cette union un attachement très-tendre, qui, pour n'être pas
precifément de l'amour, n'en eft que
plus durable.

* L'amour eft accompagné d'une
inquiétude continuelle de jaloufie ou de
privation peu convenable au mariage,
qui eft un état de jouiffance & de paix.
On ne s'époufe point pour penfer uniquement l'un à l'autre, mais pour remplir conjointement les devoirs de la vie

civile, gouverner prudemment sa maison, bien élever ses enfans. Les Amans ne voyent jamais qu'eux, ne s'occupent incessamment que d'eux, & la seule chose qu'ils sachent faire, est de s'aimer. Ce n'est pas assez pour des Epoux qui ont d'autres soins à remplir.

* Il n'y a point de passion qui nous fasse une si forte illusion que l'amour. On prend sa violence pour un signe de sa durée; le cœur surchargé d'un sentiment si doux, l'étend, pour ainsi dire, sur l'avenir; & tant que cet amour dure, on croit qu'il ne finira point. Mais, au contraire, c'est son ardeur même qui le consume; il s'use avec la jeunesse, il s'efface avec la beauté, il s'éteint sous les glaces de l'âge; & depuis que le Monde éxiste, on n'a jamais vu deux Amans en cheveux blancs soupirer l'un pour l'autre.

* On doit donc compter qu'on cessera de s'adorer tôt ou tard, alors l'idole qu'on servoit, détruite, on se voit ré-

ciproquement tels qu'on eſt. On cherche avec étonnement l'objet qu'on aime ; ne le trouvant plus , on ſe dépite
contre celui qui reſte , & ſouvent l'imagination le défigure autant qu'elle l'a-
voit paré. Il y a peu de gens , dit la
Rochefoucault , qui ne ſoyent honteux
de s'être aimés , quand ils ne s'aiment
plus.

* Combien alors il eſt à craindre
que l'ennui ne ſuccéde à des ſentimens
trop vifs ; que leur déclin, ſans s'arrêter à l'indifférence , ne paſſe juſqu'au
dégoût ; qu'on ne ſe trouve enfin tout-
à-fait raſſaſiés l'un de l'autre , & que
pour s'être trop aimés Amans , on ne
vienne à ſe haïr Epoux.

* La félicité eſt la fortune du Sage ,
& il n'y en a point ſans vertu. Mais il
faut prendre garde que ce mot de vertu , trop abſtrait , n'ait plus d'éclat que
de ſolidité , & ne ſoit un nom de pa-
rade qui ſert plus à éblouir les autres
qu'à nous contenter nous-mêmes.

* Ce n'eſt pas aſſez que la vertu ſoit
la baſe de la conduite ; il faut établir
cette baſe même ſur un fondement iné-
branlable. Autrement on eſt dans le
cas de ces Indiens qui font porter le
Monde ſur un grand Eléphant , & puis
l'Eléphant ſur une Tortue : & quand
on leur demande ſur quoi porte la Tortue , ils ne ſavent plus que dire.

* Quand on revient entiérement des
erreurs de ſa jeuneſſe , le retour qu'elles ont produit en autoriſe le ſouvenir ,
& l'on peut dire avec un Ancien ; hé-
las ! je périſſois , ſi je n'euſſe péri.

* Que font ces hommes ſenſuels qui
multiplient ſi indiſcrettement leurs douleurs par leurs voluptés ? Ils anéantiſ-
ſent , pour ainſi dire , leur éxiſtence ,
à force de l'étendre ſur la terre , ils
agravent le poids de leurs attachemens ; ils n'ont point de jouiſſances qui
ne leur préparent mille privations amé-
res : plus ils ſentent , & plus ils ſouf-
frent : plus ils s'enfoncent dans la vie ,
& plus ils ſont malheureux.

Celui qui croit Dieu éxiftant, l'ame immortelle , & la liberté de l'homme ne fauroit penfer qu'un être intelligent reçoivent un corps & foit placé fur la terre au hazard , feulement pour vivre , fouffrir , & mourir. Il y a fans doute à la vie humaine un but , une fin , un ob-jet moral.

* Si l'envie de mourir donnoit le droit de s'ôter la vie , ce feroit un argument fort commode pour les fcélérats. Il n'y auroit plus de forfaits qu'ils ne juftifaf-fent par la tentation de les commettre , & dès que la violence de la paffion l'em-porteroit fur l'horreur du crime , dans le defir de mal faire , ils en trouveroient auffi le droit.

* Tu veux ceffer de vivre. Mais je voudrois bien favoir fi tu as commencé. Quoi ! fus-tu placé fur la terre pour n'y rien faire ? Le Ciel ne t'impofe - t'il point avec la vie une tâche pour la rem-plir ? Si tu as fait ta journée avant le foir , repofe-toi le refte du jour , tu le

peux ; mais voyons ton ouvrage. Quelle
réponfe tiens-tu prête au Juge fuprême
qui te demandera compte de ton tems.
Malheureux ! trouve-moi ce jufte qui
fe vante d'avoir affez vécu , afin que j'a-
prenne de lui comment il faut avoir rempli la vie pour être en droit de la quitter.

* Tu comptes les maux de l'humanité. Tu ne rougis pas d'épuifer des lieux
communs cent fois rebattus , & tu dis :
la vie eft un mal. Mais regarde , cherche dans l'ordre des chofes , fi tu y trou-
ves quelques biens qui ne foient point
mêlés de maux. Eft-ce donc à dire qu'il
n'y ait aucun bien dans l'Univers ? &
peux-tu confondre ce qui eft mal par
fa nature avec ce qui ne fouffre le mal
que par accident ? La vie eft un mal
pour le méchant qui profpére , & un
bien pour l'honnête homme infortuné ;
car ce n'eft pas une modification paffa-
gére , mais fon raport avec fon objet ,
ui la rend bonne ou mauvaife.

* Tu t'ennuyes de vivre, & tu dis ; la vie eſt un mal. Tôt ou tard tu feras conſolé, & tu diras ; la vie eſt un bien. Tu diras plus vrai, ſans mieux raiſonner : car rien n'aura changé que toi. Change donc dès aujourd'hui ; & puiſque c'eſt dans la mauvaiſe diſpoſition de ton ame qu'eſt tout le mal, corrige les affections déréglées, & ne brûle pas la maiſon pour n'avoir pas la peine de la ranger.

* Celui qui ſouffre, doit chercher à ne plus ſouffrir. Mais eſt-il beſoin de mourir pour cela ? Que ſont dix, vingt, trente ans, pour un homme immortel ? La peine & le plaiſir paſſent comme une ombre ; la vie s'écoule en un inſtant, elle n'eſt rien par elle-même, ſon prix dépend de ſon emploi.

* Ne dis donc plus que c'eſt un mal pour toi de vivre, puiſqu'il dépend de toi ſeul que ce ſoit un bien ; & que, ſi c'eſt un mal d'avoir vécu, c'eſt une raiſon de plus pour vivre encore. Ne dis

pas non plus qu'il t'eft permis de mourir ; car autant vaudroit dire qu'il t'eft
permis de n'être pas homme, qu'il t'eft
permis de fe révolter contre l'Auteur
de ton être, & de tromper ta deftination.

* Ta mort ne fait de mal à perfonne ?
Et la fociété à qui tu dois ta converfation, tes talens, tes lumiéres, la patrie à laquelle tu apartiens, les malheureux qui ont befoin de toi, ne leur dois-
tu rien ? Eft-il permis de renoncer aux
devoirs d'homme & de Citoyen ?

* Le Suicide eft une mort furtive &
honteufe. C'eft un vol fait au genre
humain. Avant de le quitter, rends-
lui ce qu'il a fait pour toi. Mais je ne
tiens à rien. Je fuis inutile au monde.
Philofophe d'un jour ! ignores-tu que
tu ne faurois faire un pas fur la terre fans
trouver quelque devoir à remplir, &
que tout homme eft utile à l'humanité
par cela feul qu'il éxifte ?

* Chaque fois que tu feras tenté de
fortir de la vie, dis en toi-même : *Que*

je fasse encore une bonne action avant que de mourir. Puis va chercher quelque indigent à secourir, quelque infortuné à consoler, quelque oprimé à défendre. Si cette considération te retient aujourd'hui, elle te retiendra encore demain, après-demain, toute ta vie. Si elle ne te retient pas, tu n'es qu'un méchant.

* Il faut avoir le goût de la vie pour en bien remplir les devoirs. Avec trop d'indifférence pour toute chose, on ne réussit jamais à rien.

* Quand de grandes afflictions ont bouleversé l'homme, la raison seule ne sauroit lui rendre la raison. Il faut qu'une multitude d'objets nouveaux & frapans lui arrachent une partie de l'attention que son cœur ne donne qu'à ceux qui l'occupent. Il faut, pour le rendre à lui-même, qu'il sorte d'au-dedans de lui ; & ce n'est que dans l'agitation d'une vie active qu'il peut retrouver le repos.

* A mefure qu'on avance en âge , tous les fentimens fe concentrent. On perd tous les jours quelque chofe de ce qui nous fut cher , & l'on ne le remplace plus. On meurt ainfi par dégrés, jufqu'à ce que n'aimant enfin que foi-même, on ait ceffé de fentir & de vivre avant de ceffer d'éxifter. Mais un cœur fenfible fe défend de toute fa force contre cette mort anticipée ; quand le froid commence aux extrêmités , il raffemble autour de lui toute fa chaleur naturelle ; plus il perd, plus il s'attache à ce qui lui refte, & il tient, pour ainfi dire , au dernier objet par les liens de tous les autres.

* La communication des cœurs imprime à la trifteffe je ne fais quoi de doux & de touchant que n'a pas le contentement. L'amitié paroît avoir été fpécialement donnée aux malheureux pour le foulagement de leurs maux & la confolation de leurs peines.

* Tel eft le droit de la Guerre parmi

les peuples favans, humains, & polis
de l'Europe : on ne fe borne pas à faire
à fon ennemi tout le mal qu'on peut lui
faire à pure perte.

* Voici le caractére d'un peuple célébre, (les Chinois.) Lettré, lâche,
hypocrite, & charlatan ; parlant beaucoup fans rien dire, plein d'efprit, fans
aucun génie, abondant en fignes & fté-
rile en idées ; poli, complimenteur,
adroit, fourbe, & fripon; il met tous
les devoirs en étiquettes, toute la morale en fimagrées, & ne connoît d'autre
humanité que les falutations & les révé-
rences.

* Le premier pas vers le vice eft de
mettre du myftére aux actions innocen-
tes, & quiconque aime à fe cacher, a tôt
ou tard raifon de fe cacher. Un feul
précepte de Morale peut tenir lieu de
tous les autres : ne fais ni ne dis jamais
rien que tu ne veuilles que tout le monde voye & entende. On peut regarder
comme le plus eftimable des hommes,
ce Romain qui vouloit que fa maifon
fût

fût conſtruite de maniére qu'on vît ce qui s'y faiſoit.

* L'uſage du monde & l'expérience ôtent le ton dogmatique & tranchant qu'on prend dans le Cabinet ; on devient moins propre à juger les hommes depuis qu'on en a beaucoup obſervé, moins preſſé d'établir des propoſitions univerſelles, depuis qu'on a tant vu d'exceptions. En général l'amour de la vérité guérit de l'eſprit de ſyſtême ; on devient moins brillant & plus raiſonnable ; & ceux qui nous fréquentent, s'inſtruiſent beaucoup mieux avec nous, depuis que nous ne ſommes plus ſi ſavans.

* Un homme ſans paſſion ne peut inſpirer d'averſion à perſonne.

* Les épanchemens de l'amitié ſe retiennent devant un témoin quel qu'il ſoit. Il y a mille ſecrets que trois amis doivent ſavoir, & qu'ils ne peuvent ſe dire que deux à deux.

* Tous ces ſages contemplatifs qui ont paſſé leur vie à l'étude du cœur hu-

H

main, en favent moins fur les fignes de
l'amour, que la plus bornée des femmes
fenfibles.

* Les ufages qu'on nomme du bel air,
naiffent & paffent comme un éclair. Le
favoir vivre confifte à fe tenir toujours
au guet, à les faifir au paffage, à les affecter, & à montrer qu'on fait celui du
jour : le tout, pour être fimple.

* La douce chofe, de couler fes jours
dans le fein d'une tranquille amitié, à
l'abri de l'orage des paffions impétueu-
fes! Que c'eft un fpectacle agréable &
touchant que celui d'une maifon fimple
& bien réglée, où régnent l'ordre, la
paix, l'innocence; où l'on voit réuni fans
apareils, fans éclat, tout ce qui répond
à la véritable deftination de l'homme!

* Par-tout où l'on fubftitue l'utile à
l'agréable, l'agréable y gagne prefque
toujours.

* Tout l'apareil de l'économie ruf-
tique donne au Château d'un Gentil-
homme un air champêtre, plus vivant,

plus animé, plus gai, je ne fai quoi qui
fent la joie & le bien-être, qu'il n'a pas
dans l'état d'une morne dignité.

* La terre produit à proportion du
nombre des bras qui la cultivent ; mieux
cultivée, elle rend davantage : cette
furabondance de production donne de
quoi la cultiver mieux encore ; plus on
y met d'hommes & de bétail, plus elle
fournit d'excédent à leur entretien. On
ne fait où peut s'arrêter cette augmen-
tation continuelle & réciproque de produit & de cultivateurs.

* Au contraire, les terreins négligés
perdent leur fertilité ; moins un pays produit d'hommes, moins il produit de den-
rées. C'eft le défaut d'habitans qui l'empêche de nourrir le peu qu'il en a, &
dans toute contrée qui fe dépeuple, on
doit tôt ou tard mourir de faim.

* Dans le choix des ouvriers de la campagne, qu'on nomme journaliers, on
fait bien de préférer toujours ceux du
pays, & les voifins aux étrangers & aux

inconnus. Si l'on perd quelque chofe à
ne pas prendre les plus robuftes, on le
regagne bien par l'affection que cette
préférence infpire à ceux qu'on choifit,
par l'avantage de les avoir toujours autour de foi, & de pouvoir compter fur
eux dans tous les tems, quoiqu'on ne
les paye qu'une partie de l'année.

* Tous les moyens d'émulation qui
paroiffent difpendieux, employés avec
prudence & juftice, rendent infenfible-
ment tous ceux qui fervent laborieux,
diligens, & raportent enfin plus qu'ils
ne coûtent; mais comme on n'en voit le
profit qu'avec de la conftance & du tems,
peu de gens favent & veulent s'en fervir.

C'eft une affaire importante que le
choix des domeftiques. On ne doit pas
les regarder feulement comme des mer-
cenaires dont on n'éxige qu'un fervice
éxact, mais comme des membres de la
famille dont le mauvais choix eft capable de la défoler. Un ramaffis de canailles

ruine le maître ; corrompt les enfans dans les maisons opulentes.

* La première chose qu'on doit demander des domestiques, est d'être honnêtes gens, la seconde d'aimer leur Maître, la troisième de le servir à son gré : mais pour peu qu'un Maître soit raisonnable, & un domestique intelligent, la troisième suit toujours les deux autres.

* Formez les domestiques comme il faut, & jamais ils ne vous quitteront pour en aller servir d'autres. Si vous ne songez qu'à vous en les formant, en vous quittant ils font fort bien de ne songer qu'à eux ; mais occupez-vous d'eux un peu davantage, & ils vous demeureront attachés. Il n'y a que l'intention qui oblige ; & celui qui profite d'un bien que je ne veux faire qu'à moi, ne me doit aucune connoissance.

* Des Maîtres humains ne négligent pas des devoirs que remplissent par ostentation beaucoup de Maîtres sans cha-

rité, & n'abandonnent pas ceux de leurs
gens à qui les infirmités ou la vieilleſſe
ôtent les moyens de les ſervir.

* Nul ne remplit bien ſon devoir s'il
ne l'aime ; & il n'y eut jamais que des
gens d'honneur qui fuſſent aimer leur
devoir.

* Le commerce continuel des deux
ſexes ne réſulte point de l'union conjugale. La femme & le mari ſont bien
deſtinés à vivre enſemble, mais non
pas de la même maniére ; ils doivent
agir de concert ſans faire les mêmes
choſes. La vie qui charmeroit l'un feroit inſuportable à l'autre : les inclinations que leur donne la nature, ſont
auſſi diverſes que les fonctions qu'elle
leur impoſe : leurs amuſemens ne différent pas moins que leurs devoirs : en un
mot tous deux courent au bonheur par
des chemins différens, & ce partage
de travaux & de ſoins eſt le plus fort
lien de leur union.

* Dans la république on retient les

Citoyens par des mœurs, des principes, de la vertu; mais comment con-
tenir des domeſtiques, des mercenai-
res, que par la contrainte, par la gêne?
Tout l'art du Maître eſt de cacher cette gêne ſous le voile du plaiſir ou de l'intérêt; enſorte qu'ils penſent vouloir tout
ce qu'ils ſont obligés de faire.

　* Des Maîtres intelligens & bien in-
tentionnés peuvent former à la fois dans
les mêmes hommes de bons domeſtiques pour le ſervice de leur perſonne,
de bons payſans pour cultiver leurs terres, de bons ſoldats pour la défenſe de
la Patrie, & des gens de bien pour tous
les états où la fortune peut les apeller.

　La pure Morale eſt ſi chargée de devoirs ſévéres, que ſi on la ſurcharge
encore de formes indifférentes, c'eſt
preſque toujours aux dépens de l'eſſen-
tiel. C'eſt le cas de la plûpart des moi-
nes, qui, ſoumis à mille régles inutiles
ne ſavent ce que c'eſt qu'honneur &
vertu.

* Il n'y a pas plus de mal à danſer qu'à chanter ; chacun de ces amuſemens eſt également une inſpiration de la nature.

* Il ne peut y avoir de crime de s'égayer en commun par une récréation innocente & honnête. Au contraire, toutes les fois qu'il y a concours de deux ſexes , tout divertiſſement public devient innocent, par cela même qu'il eſt public, au lieu que l'occupation la plus louable eſt ſuſpecte dans le tête à tête. (*)

* Ce ſont moins les familiarités des Maîtres que leurs défauts qui les font mépriſer chez eux. L'inſolence des domeſtiques annonce plutôt un Maître vicieux que foible. Rien ne leur donne

autant

(*) *Voici encore une thèſe de M. R. qu'il a traitée plus au long dans ſa Lettre à M. d'Alembert. Les Bals publics n'ont pas autant d'avantages & ne ſont pas auſſi exemts d'inconvéniens que le prétend leur Apologiſte. Mais il faudroit plus de place que nous n'en avons ici pour calculer les uns & les autres.*

autant d'audace que la connoiſſance de ces vices, & tous ceux qu'ils découvrent en lui ſont à leurs yeux autant de diſ-penſes d'obéir à un homme qu'ils ne ſauroient plus reſpecter.

* Les valets imitent les Maîtres, & les imitant groſſiérement, ils rendent ſenſibles dans leur conduite les défauts que le vernis de l'éducation cache mieux dans les autres.

* On a dit qu'il n'y avoit point de Héros pour ſon valet de chambre; cela peut être : mais l'homme juſte a l'eſ-time de ſon valet; ce qui montre aſſez que l'Héroïſme n'a qu'une vaine apa-rence, & qu'il n'y a rien de ſolide que la vertu.

* La ſervitude eſt ſi peu naturelle à l'homme, qu'elle ne ſauroit éxiſter ſans quelque mécontentement. C'eſt bon ſi-gne quand il ſe borne à ce que chacun voudroit être le premier en faveur, comme il croit l'être en attachement, quand c'eſt-là l'unique plainte des do-

I

meſtiques, & leur plus grande injuſ-
tice.

* Il eſt impoſſible à un [Maître qui
a vingt domeſtiques de venir jamais à
bout de ſavoir s'il y a parmi eux un
honnête homme, & de ne pas prendre
pour tel le plus méchant fripon de tous.
Cela ſeul dégoûteroit d'être du nombre
des riches. Un des plus doux plaiſirs de
la vie, le plaiſir de la confiance, eſt
perdu pour eux. Ils achétent bien cher
tout leur or.

* C'eſt une grande erreur dans l'économie domeſtique, ainſi que dans la
vie civile, de vouloir combattre un vice
par un autre, ou former entr'eux une
ſorte d'équilibre, comme ſi ce qui ſape
les fondemens de l'ordre pouvoit jamais
ſervir à l'établir. On ne fait par cette
mauvaiſe police que réunir tous les inconvéniens. Les vices tolérés dans une
maiſon n'y régnent pas ſeuls; laiſſez-en
germer un, mille viendront à ſa ſuite.

* Dans une maiſon où le Maître eſt

sincérement chéri & respecté, tous les
domestiques se regardant comme lésés
par des pertes qui le laisseroient moins
en état de récompenser un bon serviteur, sont également incapables de souffrir en silence le tort que l'un d'eux voudroit lui faire. C'est une police bien su-
blime que celle qui fait transformer ainsi
le vil métier d'accusateur en une fonction
de zèle, d'intégrité, de courage, aussi
noble, ou du moins aussi louable qu'elle
l'étoit chez les Romains.

Le précepte de couvrir les fautes de
son prochain ne se raporte qu'à celles
qui ne font de tort à personne ; une in-
justice qu'on voit, qu'on tait & qui
blesse un tiers, on la commet soi-même ; & comme ce n'est que le sentiment de nos propres défauts qui nous
oblige à pardonner ceux d'autrui, nul
n'aime à tolérer les fripons, s'il n'est
fripon lui-même. Ces principes, vrais
en général d'homme à homme, sont bien
plus rigoureux encore dans la relation

I 2

étroite du serviteur au Maître.

* Richesse ne fait pas riche, dit *le Roman de la Rose*. Les biens d'un homme ne sont point dans ses coffres, mais dans l'usage de ce qu'il en tire ; car on ne s'approprie les choses qu'on possède que par leur emploi, & les abus sont toujours plus inépuisables que les richesses : ce qui fait qu'on ne jouit pas à proportion de sa dépense, mais à proportion qu'on la sait mieux ordonner.

* Un fou peut jetter des lingots d'or dans la mer, & dire qu'il en a joui : mais quelle comparaison entre cette extravagante jouissance, & celle qu'un homme sage eût sû tirer d'une moindre somme ! L'ordre & la régle qui multiplient & perpétuent l'usage des biens, peuvent seuls transformer le plaisir en bonheur.

* Toute maison bien ordonnée est l'image de son Maître. Les lambris dorés, le luxe & la magnificence, n'annoncent que la vanité de celui qui les

étale ; au lieu que par-tout où vous ver-
rez régner la régle fans trifteffe , la paix
fans efclavage , l'abondance fans profu-
fion , dites avec confiance : c'eft un être
heureux qui commande ici.

* Le figne le plus affuré du vrai contentement d'efprit eft la vie retirée &
domeftique. Ceux qui vont fans ceffe
chercher leur bonheur chez autrui ne
l'ont point chez eux-mêmes. Un pere de
famille qui fe plaît dans fa maifon a pour
prix des foins continuels qu'il s'y donne , la continuelle jouiffance des plus
doux fentimens de la nature. Seul entre
tous les mortels , il eft maître de fa propre félicité , parce qu'il eft heureux
comme Dieu même , fans rien defirer
de plus que ce dont il jouit. Comme cet
Etre immenfe , il ne fonge pas à ampli-
fier fes poffeffions , mais à les rendre
véritablement fiennes par les relations
les plus parfaites & la direction la mieux
entendue : s'il ne s'enrichit pas de nouvelles acquifitions , il s'enrichit en pof-
fédant mieux ce qu'il a.   I 3

Il eſt des devoirs ſimples & ſublimes qu'il n'apartient qu'à peu de gens d'aimer & de remplir.

Il n'y a qu'un homme de bien qui ſache l'art d'en former d'autres. Un hypocrite a beau vouloir prendre le ton de la vertu, il n'en peut inſpirer le goût à perſonne ; & s'il ſavoit la rendre aimable, il l'aimeroit lui-même.

Que ceux qui nous exhortent à faire ce qu'ils diſent & non ce qu'ils font, diſent une grande abſurdité ! Qui ne fait pas ce qu'il dit, ne le dit jamais bien ; car le langage du cœur qui touche & perſuade y manque.

* Les occupations utiles ne doivent pas ſe borner aux ſoins qui donnent du profit ; elles comprennent encore tout amuſement innocent & ſimple qui nourrit le goût de la retraite, du travail, de la modération, & conſerve à celui qui s'y livre une ame ſaine, un cœur libre du trouble des paſſions. Si l'indolente oiſiveté n'engendre que la triſteſſe & l'en-

nui, le charme des doux loiſirs eſt le
fruit d'une vie laborieuſe. On ne tra-
vaille que pour jouir : cette alternative
de peine & de jouiſſance eſt notre véritable vocation. Le repos qui ſert de
délaſſement aux travaux paſſés & d'en-
couragement à d'autres , n'eſt pas moins
néceſſaire à l'homme que le travail même.

    * La nature ſemble vouloir dérober
aux yeux des hommes ſes vrais attraits ,
auxquels ils ſont trop peu ſenſibles , &
qu'ils défigurent quand ils ſont à leur
portée : elle fuit les lieux fréquentés ;
c'eſt au ſommet des montagnes, au fond
des forêts , dans des Iſles deſertes , qu'elle étale ſes charmes les plus touchans.
Ceux qui l'aiment , & ne peuvent l'aller chercher ſi loin , ſont réduits à lui
faire violence , à la forcer en quelque
ſorte à venir habiter avec eux ; & cela
ne peut ſe faire ſans un peu d'illuſion.

    * Dans ces terreins ſi vaſtes & ſi ri-
chement ornés , on ne voit que la vari-

té du propriétaire & de l'artifte, qui
toujours empreffés d'étaler, l'un fa richeffe, l'autre fon talent, préparent à
grands frais de l'ennui à quiconque voudra jouir de leur ouvrage. Un faux goût
de grandeur qui n'eft point fait pour
l'homme, empoifonne fes plaifirs. L'air
grand eft toujours trifte ; il fait fonger
aux miféres de celui qui en l'affectant fe
perd comme un ciron dans fes immen-
fes poffeffions.

* Que dire de ces petits Curieux,
de ces petits Fleuriftes, qui fe pâment
à l'afpect d'une Renoncule, & fe prof-
ternent devant des Tulipes ? Qu'eft-ce
que la valeur d'une patte ou d'un oi-
gnon qu'un infecte ronge ou détruit
peut-être au moment qu'on le marchande, ou d'une fleur précieufe à midi, & flétrie avant que le Soleil foit
couché ? Qu'eft-ce qu'une beauté con-
ventionnelle, qui n'eft fenfible qu'aux
yeux des curieux, & qui n'eft beauté
que parce qu'il leur plaît qu'elle le

foit? Le tems peut venir qu'on cherchera dans les fleurs tout le contraire
de ce qu'on cherche aujourd'hui, &
avec autant de raifon.

* L'erreur des prétendus gens de
goût eft de vouloir de l'art par-tout,
& de n'être jamais contens que l'art ne
paroiffe ; au lieu que c'eft à le cacher
que confifte le véritable goût : fur-tout
quand il eft queftion des ouvrages de
la Nature.

* Le goût des points de vue & des
lointains vient du penchant qu'ont la
plûpart des hommes à ne fe plaire qu'où
ils ne font pas. Ils font toujours avi-
des de ce qui eft loin d'eux ; l'Artifte
qui ne fait pas les rendre affez contens de ce qui les entoure, fe donne
cette reffource pour les amufer. (*)

(*) *Cette cenfure paroît outrée. Les perfpec-*
tives & les lointains ont une beauté réelle ; &
s'il faloit chercher un fondement moral au
plaifir qui en réfulte, ne feroit-il pas plûtôt

* Il faudroit que les amuſemens des hommes euſſent toujours un air facile qui ne fît point ſonger à leur foibleſſe ; & qu'en admirant les merveilles raſſemblées dans un lieu, par éxemple, celles du Parc célébre de Milord Cobham à Stovv, on n'eût point l'imagination fatiguée des ſommes & des travaux qu'elles ont coûté.

* Il y a dans la méditation des penſées honnêtes, une ſorte de bien-être que les méchans n'ont jamais connu. Si l'on y ſongeoit ſans prévention, quel autre plaiſir pourroit-on égaler à celui-là ?

* La jouiſſance de la vertu eſt toute intérieure, & ne s'aperçoit que par celui qui la ſent : mais tous les avantages du vice frapent les yeux d'autrui, & il n'y a que celui qui les a qui ſache

---

dans l'averſion pour la gêne & dans l'amour de la liberté ? On eſt d'autant plus à ſon aiſe qu'on eſt ou qu'on ſe croit moins reſſerré.

ce qu'ils lui coûtent. C'eſt peut-être là la clef des faux jugemens des hommes ſur les avantages du vice & ſur ceux de la vertu.

* Les Courtiſans & les Valets ſont deux ordres d'hommes moins différens en effet qu'en aparence, peu dignes d'être étudiés, & ſi faciles à connoître qu'on s'en ennuye au premier regard.

* L'intérêt n'eſt pas le ſeul mobile des actions humaines ; & parmi tant de préjugés, s'il en eſt qui auſſi combattent la vertu, il en eſt auſſi qui la favoriſent. Le caractére général de l'homme eſt un amour-propre, indifférent par lui-même, bon ou mauvais par les accidens qui le modifient, & qui dépendent des coutumes, des loix, des rangs, de la fortune, & de toute la police humaine.

* On ne voit rien quand on ſe contente de regarder ; il faut agir ſoi-même pour voir agir les hommes, & ſe faire acteur pour être ſpectateur. Avec

la véritable connoissance des hommes,
dont l'oisive philosophie ne donne que
l'aparence, on trouve un autre avantage dans cette conduite ; c'est d'aigui-
ser par une vie active l'amour de l'ordre qu'on a reçu de la nature , & de
prendre un nouveau goût pour le bien
par le plaisir d'y contribuer.

* Comment réprimer la passion même la plus foible , quand elle est sans
contrepoids ? Voilà l'inconvénient des
caractéres froids & tranquilles. Tout
va bien tant que leur froideur les ga-
rantit des tentations ; mais , s'il en sur-
vient une qui les atteigne , ils sont
aussi-tôt vaincus qu'attaqués ; & la raison qui gouverne tandis qu'elle est seule , n'a jamais de force pour résister au
moindre effort.

* Il n'y a que des ames de feu qui
sachent combattre & vaincre. La froide raison n'a jamais rien fait d'illustre ;
& l'on ne triomphe des passions qu'en
les oposant l'une à l'autre. Quand celle

de la vertu vient à s'élever, elle domine seule & tient tout en équilibre. Voilà comment se forme le vrai Sage, qui n'est pas plus qu'un autre à l'abri des passions, mais qui fait les vaincre par elles-mêmes, comme un Pilote fait route par les mauvais vents.

* La modestie extrême a ses dangers, ainsi que l'orgueil. Comme une témérité qui nous porte au-delà de nos forces les rend impuissantes, un effroi qui nous empêche d'y compter les rend inutiles. La véritable prudence consiste à les bien connoître, & à s'y tenir.

* Les grands combats ne font qu'irriter les grandes passions; & si les violens efforts exercent l'ame, ils lui coûtent des tourmens dont la durée est capable de l'abattre.

* Le crime commence toujours par l'orgueil qui fait mépriser la tentation : & braver des périls où l'on a succombé, c'est vouloir succomber encore.

* Le poids d'une ancienne faute est

un fardeau qu'il faut porter toute sa vie.

* On ne se déguise pas plus ses vertus que ses vices. C'est donc une vertu dangereuse que celle qui ne fait qu'animer l'amour-propre en le concentrant. La noble franchise des ames droites est préférable à l'orgueil des humbles. S'il faut de la tempérance dans la sagesse, il en faut aussi dans les précautions qu'elle inspire ; de peur que des soins ignominieux à la vertu n'avilissent l'ame, & n'y réalisent un danger chimérique à force de nous en allarmer.

* Ce qui sépare les deux sexes, c'est la Nature elle-même qui leur prescrit des occupations différentes ; c'est cette douce & timide modestie, qui, sans songer précisément à la chasteté, en est la plus sûre gardienne ; c'est cette réserve attentive & piquante, qui, nourrissant à la fois dans le cœur des hommes & les desirs & le respect, sert, pour ainsi dire, de coquetterie à la vertu.

* Les femmes les plus honnêtes conservent en général le plus d'ascendant sur leurs maris ; parce qu'à l'aide d'une sage & discréte réserve, sans caprice & sans refus, elles savent, au sein de l'union la plus tendre, les maintenir à une certaine distance, & les empêchent de se jamais rassasier d'elles.

* Dans le grand monde la vertu n'est rien ; tout n'est que vaine aparence : les crimes s'effacent par la difficulté de les prouver, & la preuve même est ridicule contre l'usage qui les autorise.

* Quiconque est sensible à la honte, ne sait point braver l'infamie.

* Il y a des tentations déshonorantes qui n'aprocheront jamais d'une ame honnête ; il est même honteux de les vaincre, & se précautionner contre elles est moins s'humilier que s'avilir.

* Une ame franche & incapable de mauvaise foi a contre le vice bien des ressources qui manqueront toujours aux autres.

* Rien n'eſt mépriſable de ce qui tend à garder la pureté ; & ce ſont les petites précautions qui conſervent les grandes vertus.

* Le reſpectable état de Précepteur éxige tant de talens, qu'on ne ſauroit payer tant de vertus qui ne ſont point à prix, qu'il eſt inutile d'en chercher un avec de l'argent. Il n'y a qu'un homme de génie en qui l'on puiſſe eſpérer de trouver les lumiéres d'un Maître ; il n'y a qu'un ami très-tendre à qui ſon cœur puiſſe inſpirer le zèle d'un pere : & le génie n'eſt guére à vendre ; encore moins l'attachement.

* Vous êtes bien folles, vous autres femmes, de vouloir donner de la conſiſtance à un ſentiment auſſi frivole & auſſi paſſager que l'amour. Tout change dans la nature, tout eſt dans un flux continuel, & vous voulez inſpirer des feux conſtans ! Et de quel droit prétendez-vous être aimée aujourd'hui parce que vous l'étiez hier ? Gardez donc le même

me visage, le même âge, le même
humeur; soyez toujours la même, &
l'on vous aimera toujours si l'on peut.
Mais changer sans cesse, & vouloir toujours qu'on vous aime, c'est vouloir qu'à
chaque instant on cesse de vous aimer; ce
n'est pas chercher des cœurs constans,
c'est en chercher d'aussi changeans que
vous.

* On méne un Coursier ombrageux à
l'objet qui l'effraye, afin qu'il n'en soit
plus effrayé. C'est ainsi qu'il en faut user
avec ces jeunes gens dont l'imagination
brûle encore quand leur cœur est déja
refroidi, & leur offre dans l'éloigne-
ment des monstres qui disparoissent à
leur aproche.

* Ceux qui veulent philosopher avant
que d'en être capables prennent le sentiment pour de la raison, & contens
d'estimer les choses par l'impression
qu'elles leur font, ils ignorent toujours
leur véritable prix.

* Un cœur droit est le premier orga-

K

ne de la vérité : celui qui n'a rien fen-
ti, ne fait rien aprendre : il ne fait que
flotter d'erreurs en erreurs, il n'acquiert
qu'un vain favoir & de ftériles connoif-
fances, parce que le vrai raport des
chofes à l'homme, qui eft fa principale
fcience, lui demeure toujours caché.

* Cependant c'eft fe borner à la premiére moitié de cette fcience que de ne
pas étudier encore les raports que les
chofes ont entr'elles pour mieux juger
de ceux qu'elles ont avec nous. C'eft peu
de connoître les paffions humaines, fi
l'on n'en fait aprécier les objets ; & cette
feconde étude ne peut fe faire que dans
le calme de la méditation.

* La jeuneffe du Sage eft le tems de
fes expériences ; fes paffions en font les
inftrumens : mais après avoir apliqué fon
ame aux objets extérieurs pour les fentir, il la retire au-dedans de lui pour les
confidérer, les comparer, les connoître.

* Ce fiécle de Philofophie ne paffera
point fans avoir produit un vrai Philofo-

phe. Il éxiste , & Genève joint au bonheur de le posséder , celui de l'honorer
autant qu'il le mérite. C'est le savant &
modeste ABAUZIT , vieillard vénérable
& vertueux. Il n'a point été prôné par
les beaux esprits ; leurs bruyantes Aca-
démies n'ont point retenti de ses éloges ;
au lieu de déposer comme eux la sagesse dans des Livres , il l'a mise dans sa
vie , pour l'éxemple de la patrie qu'il a
daigné se choisir , qu'il aime , & qui le
respecte. Il a vécu comme Socrate ; mais
Socrate mourut par les mains de ses Con-
citoyens , & Abauzit est chéri par les
siens (*).

* Les passions les plus à craindre ne
sont pas celles qui, en nous faisant une
guerre ouverte , nous avertissent de nous

(*) C'est avec un extrême plaisir que j'ai copié
ce passage. Il y a trente ans que je rends les
mêmes hommages à l'incomparable M. Abauzit;
& j'ai toujours soigneusement profité des occasions de lui en faire parvenir les assurances.

K 2

mettre en défenſe ; qui nous laiſſent,
quoiqu'elles faſſent, la conſcience de
toutes nos fautes, & auxquelles on ne
céde jamais qu'autant qu'on leur veut céder. Il faut plutôt redouter celles dont
l'illuſion trompe au lieu de contraindre,
& nous fait faire ſans le ſavoir, autre
choſe que ce que nous voulons.

*On n'a beſoin que de ſoi pour ré-
primer ſes penchans ; on a quelquefois
beſoin d'autrui pour diſcerner ceux qu'il
eſt permis de ſuivre : & c'eſt à quoi ſert
l'amitié d'un homme ſage qui voit pour
nous ſous un autre point de vue, les objets que nous avons intérêt à bien connoître.

* Il faut une ame ſaine pour ſentir
les charmes de la retraite ; on ne voit
guére que les gens de bien ſe plaire au
ſein de leur famille, & s'y renfermer
volontairement ; s'il eſt au monde une
vie heureuſe, c'eſt ſans doute celle qu'ils
y paſſent. Mais les inſtrumens du bonheur ne ſont rien pour qui ne ſait pas

les mettre en œuvre; & l'on ne fent en quoi le vrai bonheur confifte qu'autant qu'on eft propre à le goûter.

* Un bien qui n'augmente point, eft fujet à diminuer par des accidens ; mais fi cette raifon eft un motif pour l'augmenter, quand ceffera-t'elle d'être un prétexte pour l'augmenter toujours ? L'infatiable avidité fait ainfi fon chemin fous le mafque de la prudence, & méne au vice à force de chercher la fûreté.

* C'eft en vain qu'on prétend donner aux chofes humaines une folidité qui n'eft pas dans leur nature. La raifon même veut que nous laiffions beaucoup de chofes au hazard ; & fi notre vie & notre fortune en dépendent toujours malgré nous, quelle folie de fe donner fans ceffe un tourment réel pour prévenir des maux douteux, & des dangers inévitables !

* L'ordre & la régle tiennent lieu d'épargne, & l'on peut s'enrichir de ce qu'on dépenfe.

* Il n'y a point de richeſſe abſolue.
Ce mot ne ſignifie qu'un raport de ſura-
bondance entre les deſirs & les facultés
de l'homme riche ; tel eſt riche avec un
arpent de terre ; tel eſt gueux au milieu
de ſes monceaux d'or. Le déſordre & les
fantaiſies n'ont point de bornes, & font
plus de pauvres que les vrais beſoins.

* Le grand défaut des maiſons bien
réglées eſt d'avoir un air triſte & contraint. L'extrême ſollicitude des chefs
ſent toujours un peu l'avarice. Tout reſ-
pire la gêne autour d'eux ; la rigueur de
l'ordre a quelque choſe de ſervile qu'on
ne ſuporte point ſans peine. Les domeſtiques font leur devoir, mais ils le font
d'un air mécontent & craintif. Les hôtes
ſont bien reçus ; mais ils n'uſent qu'a-
vec défiance de la liberté qu'on leur
donne : & comme on s'y voit toujours
hors de la régle, on n'y fait rien qu'en
tremblant de ſe rendre indiſcret.

* Un des principaux devoirs d'un bon
pere de famille, c'eſt non-ſeulement

de rendre fon féjour riant, afin que fes
enfans s'y plaifent, mais d'y mener lui-
même une vie agréable & douce, afin
qu'ils fentent qu'on eft heureux en vivant comme lui, & ne foyent jamais
tentés de prendre, pour l'être, une conduite opofée à la fienne.

   * Le premier pas vers le bien eft de
ne point faire de mal, le premier pas
vers le bonheur eft de ne point fouffrir.
Ces deux maximes bien entendues épar-
gneront beaucoup de préceptes de morale.

   * Il n'eft pas plus aifé à une ame
bonne & fenfible d'être heureufe en
voyant des miférables, qu'à l'homme
droit de conferver fa vertu toujours pure,
en vivant fans ceffe au milieu des méchans. Une telle ame n'a point cette pitié barbare qui fe contente de détourner
les yeux des maux qu'elle pourroit fou-
lager; elle les va chercher pour les
guérir. C'eft l'éxiftence, & non la vue
des malheureux, qui la tourmente; il

ne lui fuffit pas de ne point favoir qu'il
y en a, il faut pour fon repos qu'elle
fache qu'il n'y en a pas, du moins autour d'elle : car ce feroit fortir des
termes de la raifon que de faire dé-
pendre fon bonheur de celui de tous les
hommes.

* Tous les foins qu'en prend du bonheur d'autrui, doivent être dirigés par
la fageffe, afin qu'il n'en réfulte jamais d'abus. N'eft pas toujours bienfaifant qui veut, & fouvent tel croit rendre de grands fervices qui fait de grands
maux qu'il ne voit pas, pour un petit
bien qu'il aperçoit.

* Une qualité rare dans les femmes
du meilleur caractére, c'eft un difcer-
nement exquis dans la diftribution de
leurs bienfaits, foit par le choix des
moyens de les rendre utiles, foit par
le choix des gens fur qui elles les ré-
pandent.

* La maxime des bons cœurs c'eft
de compter pour bons tous ceux dont

la

la méchanceté ne leur est pas prouvée, & il y a bien peu de méchans qui n'ayent l'adresse de se mettre à l'abri des preuves.

* C'est une charité paresseuse que celle des riches, qui payent en argent aux malheureux le droit de rejetter leurs prieres, & pour un bienfait imploré ne savent que donner l'aumône. De tous les secours dont on peut soulager les malheureux, l'aumône est à la vérité celui qui coûte le moins de peine; mais il est aussi le plus passager & le moins solide.

* La condition naturelle est de cultiver la terre, & de vivre de ses fruits. Le paisible habitant des champs n'a besoin pour sentir son bonheur que de le connoître. Tous les vrais plaisirs de l'homme sont à sa portée; il n'y a que les peines inséparables de l'humanité, des peines que celui qui croit s'en délivrer, ne fait qu'échanger contre d'autres plus cruelles.

* L'homme sorti de sa premiére sim-

L

plicité devient si stupide, qu'il ne sait pas même desirer. Ses souhaits exaucés le méneroient tous à la fortune, jamais à la félicité.

L'agriculture est la seule occupation nécessaire & la plus utile. Elle ne produit un état malheureux que quand les autres la tyrannisent par leur violence, ou la séduisent par l'exemple de leurs vices. C'est en elle que consiste la véritable prospérité d'un pays, la force & la grandeur qu'un peuple tire de lui-même, qui ne dépend en rien des autres Nations, qui ne contraint jamais d'attaquer pour se soutenir, & donne les plus sûrs moyens de se défendre. Quand il est question d'estimer la puissance publique, le bel esprit visite les Palais du Prince, ses ports, ses troupes, ses arsenaux, ses villes; le vrai politique parcourt les terres & va dans la chaumière du laboureur. Le premier voit ce qu'on a fait, & le second ce qu'on peut faire.

C'eſt une bonne maxime dans ceux qui ont de l'autorité, de ne point favoriſer les changemens de condition, mais de contribuer à rendre chacun heureux dans la ſienne. Il faut ſur-tout empêcher que la plus heureuſe de toutes, qui eſt celle du villageois dans un Etat libre, ne ſe dépeuple en faveur des autres.

* La Nature ſemble à la vérité avoir partagé les talens aux hommes, pour leur donner à chacun leur emploi ſans égard à la condition dans laquelle ils ſont nés. Mais il y a deux choſes à conſidérer avant le talent, ſavoir les mœurs & la félicité. L'homme eſt un être trop noble pour devoir ſervir ſimplement d'inſtrument à d'autres; & l'on ne doit point l'emplòyer à ce qui leur convient ſans conſulter auſſi ce qui lui convient à lui-même: car les hommes ne ſont pas faits pour les places, mais les places ſont faites pour eux; & pour diſtribuer convenablement les choſes, il ne faut pas tant chercher dans leur partage l'em-

ploi auquel chaque homme est propre,
que celui qui est le plus propre à chaque homme, pour le rendre bon & heureux autant qu'il est possible. Il n'est
jamais permis de détériorer une ame
humaine pour l'avantage des autres, ni
de faire un scélérat pour le service des
honnêtes gens.

* Pour suivre son talent il faut le
connoître. Ce n'est pas une chose ai-
sée de discerner toujours les talens des
hommes, & à l'âge où l'on prend un
parti, on a beaucoup de peine à bien
connoître ceux des enfans qu'on a le
mieux observés, à plus forte raison
ceux qui ont été négligés. Rien n'est
plus équivoque que les signes d'inclina-
tion qu'on donne dès l'enfance ; l'esprit
imitateur y a souvent plus de part que
le talent : ils dépendent plutôt d'une
rencontre fortuite que d'un penchant
décidé, & le penchant même n'annonce pas toujours la disposition.

* Le vrai talent, le vrai génie, a

une certaine fimplicité, qui le rend
moins inquiet, moins remuant, moins
prompt à fe montrer, qu'un aparent &
faux talent qu'on prend pour véritable,
& qui n'eft qu'une vaine ardeur de briller, fans moyens pour y réuffir. Tel
entend un tambour & veut être Général:
un autre voit bâtir & fe croit Archi-
tecte.

* On n'a des talens que pour s'élever;
perfonne n'en a pour defcendre. Eft-ce
bien là l'ordre de la Nature?

* Quand chacun connoîtroit fon talent, & voudroit le fuivre, combien le
pourroient? Combien furmonteroient
d'injuftes obftacles? Combien vain-
croient d'indignes concurrens? Celui
qui fent fa foibleffe, apelle à fon fecours le manége & la brigue, que l'autre, plus fûr de lui, dédaigne.

* Tant d'établiffemens en faveur des
Arts ne font que leur nuire. En multi-
pliant indifcrettement les fujets, on les
confond; le vrai mérite refte étouffé

L 3

dans la foule, & les honneurs dûs au plus habile font tous pour le plus in-trigant.

* S'il éxiftoit une fociété où les emplois & les rangs fuffent éxactement mefurés fur les talens & le mérite perfonnel, chacun pourroit afpirer à la place qu'il fauroit le mieux remplir ; mais il faut fe conduire par des régles plus fûres, & renoncer au prix des talens, quand le plus vil de tous eft celui qui mene à la fortune.

* Il ne paroît pas même expédient que tant de talens divers foyent tous dévelopés ; car il faudroit pour cela que le nombre de ceux qui les poffédent fût éxactement proportionné aux befoins de la fociété ; & fi l'on ne laiffoit au travail de la terre que ceux qui ont éminemment le talent de l'agriculture, ou qu'on enlevât à ce travail tous ceux qui font plus propres à un autre, il ne refteroit pas affez de laboureurs pour la cultiver & nous faire vivre.

* Les talens des hommes font comme les vertus des drogues que la Nature nous donne pour guérir nos maux, quoique fon intention foit que nous n'en ayons pas befoin. Il y a des plantes qui nous empoifonnent, des animaux qui nous dévorent, des talens qui nous font pernicieux. S'il falloit toujours employer chaque chofe felon fes principales propriétés, peut-être feroit-on moins de bien que de mal aux hommes.

* Les peuples bons & fimples n'ont pas befoin de tant de talens : ils fe foutiennent mieux par leur fimplicité que les autres par toute leur induftrie. Mais à mefure qu'ils fe corrompent, leurs talens fe dévelopent comme pour fervir de fuplément aux vertus qu'ils perdent, & pour forcer les méchans d'être utiles eux-mêmes en dépit d'eux.

* La plûpart des mendians font des vagabonds ; mais il faudroit bien peu connoître les peines de la vie pour ignorer par combien de malheurs un hon-

L 4

nête homme peut se trouver réduit à
leur fort. Comment puis-je être sûr
que l'inconnu qui vient implorer au
nom de Dieu mon affiftance, n'eft pas,
peut-être, cet honnête homme prêt à
périr de mifére, & que mon refus va
réduire au défefpoir ?

* Celui qui dit : *Dieu vous affifte*,
devroit penfer que les dons de Dieu
font dans la main des hommes, &
qu'il n'a point d'autres greniers fur la
terre que les magafins des riches.

* Si l'on ne doit rien au gueux qui
mendie, au moins fe doit-on à foi-même de rendre honneur à l'humanité, ou
à fon image, & de ne point s'endurcir
le cœur à l'afpect de fes miféres.

* Une bonne mere s'amufe pour amufer fes enfans, comme la colombe
amollit dans fon eftomac le grain dont
elle veut nourrir fes petits.

* L'art de jouir confifte principale-
ment dans celui des privations, non de
ces privations pénibles & douloureufes

qui bleffent la nature , & dont fon auteur dédaigne l'hommage infenfé , mais
des privations paffagéres & modérées ,
qui confervent à la raifon fon empire ,
& fervant d'affaifonnement au plaifir ,
en préviennent le dégoût & l'abus.

* Tout ce qui tient aux fens , &
n'eft pas néceffaire à la vie , change
de nature auffi-tôt qu'il tourne en habitude ; il ceffe d'être un plaifir , en
devenant un befoin : c'eft à la fois une
chaîne qu'on fe donne & une jouiffance dont on fe prive. Prévenir toujours
les defirs, n'eft pas l'art de les contenter, mais de les éteindre.

* Le meilleur moyen de donner du
prix aux moindres chofes , c'eft de fe
les refufer vingt fois pour en jouir une.
Une ame fimple conferve ainfi fon premier reffort ; fon goût ne s'ufe point ;
elle n'a jamais befoin de le ranimer par
des excès, & fouvent elle favoure avec
délice un plaifir d'enfant qui feroit in-
fipide à tout autre.

* On arrive par le même moyen à
un but plus noble encore : c'eſt de reſ-
ter maître de ſoi-même, d'accoutumer
ſes paſſions à l'obéiſſance, & de plier
tous ſes deſirs à la régle. C'eſt un nouveau moyen d'être heureux, car on ne
jouit ſans inquiétude que de ce qu'on
peut perdre ſans peine : & ſi le vrai bonheur apartient au Sage, c'eſt parce qu'il
eſt de tous les hommes celui à qui la
fortune peut le moins ôter.

* La vie eſt courte ; c'eſt une raiſon
d'en uſer juſqu'au bout, & de diſpenſer avec art ſa durée, afin d'en tirer le
meilleur parti qu'il eſt poſſible. Si un
jour de ſatiété nous ôte un an de jouiſſance, c'eſt une mauvaiſe philoſophie
d'aller toujours juſqu'où le deſir nous
méne, ſans conſidérer ſi nous ne ſerons
point au bout de nos facultés plutôt que
de notre carriére, & ſi notre cœur épui-
ſé ne mourra point avant nous.

Les vulgaires Epicuriens, pour ne
vouloir jamais perdre une occaſion, les

perdent toutes , & toujours ennuyés au
sein du plaisir , n'en savent jamais trouver aucun. Ils prodiguent le tems qu'ils
pensent économiser , & se ruinent comme les avares pour ne savoir rien perdre à propos.

* L'ennui d'être toujours à son aise
devient à la fin le pire de tous. L'art
d'assaisonner les plaisirs n'est que celui
d'en être avare.

* Les femmes ont le talent naturel de
changer quelquefois les idées & les sen-
timens des hommes , par un ajustement
différent, par une coëffure d'une autre
forme , par une robe d'une autre couleur , & d'éxercer sur les cœurs l'empire du goût en faisant de rien quelque
chose.

* La magnificence consiste moins dans
la richesse de certaines choses que dans
un bel ordre de tout , qui marque le
concert des parties , & l'unité d'intention de l'ordonnateur : ou, si l'on veut,
la véritable magnificence , c'est l'ordre

rendu fenfible dans le grand ; ce qui fait que de tous les fpectacles imaginables, le plus magnifique eft celui de la Nature.

* Pour dédaigner l'éclat & le luxe on a moins befoin de modération que de goût. La fymmétrie & la régularité plaît à tous les yeux. L'image du bienêtre & de la félicité touche le cœur qui en eft avide : mais un vain apareil qui ne fe raporte ni à l'ordre ni au bonheur, & n'a pour objet que de fraper les yeux, quelle idée favorable à celui qui l'étale peut-il exciter dans l'efprit du fpectateur ? L'idée du goût ? Le goût ne paroît-il pas cent fois mieux dans les chofes fimples que dans celles qui font offufquées de richeffes? L'idée de la commodité ? Y a-t'il rien de plus incommode que le fafte? L'idée de la grandeur ? c'eft précifément le contraire.

* Celui qui voulut bâtir une haute tour faifoit bien de la vouloir porter

jufqu'au Ciel : autrement il eût eu
beau l'élever ; le point où il fe fût ar-
rêté n'eût fervi qu'à donner de plus loin
la preuve de fon impuiſſance. O homme petit & vain, montre-moi ton pouvoir, je te montrerai ta miſére.

* Un homme fenſé ne ſauroit contempler une heure durant le Palais d'un
Prince & le faſte qu'on y voit briller,
ſans tomber dans la mélancolie & dé-
plorer le fort de l'humanité. Au contraire, un ordre de choſes où rien n'eſt
donné à l'opinion, où tout a ſon utilité réelle, & qui ſe borne aux vrais befoins de la nature, n'offre pas ſeulement
un ſpectacle aprouvé par la raiſon, mais
qui contente les yeux & le cœur, en
ce que l'homme ne s'y voit que ſous des
raports agréables, comme ſe ſuffiſant à
lui-même; que l'image de ſa foibleſſe
n'y paroît point, & que ce riant tableau n'excite jamais de réfléxions at-
triſtantes.

* L'effet de chaque choſe, dans un

plan d'économie, vient moins d'elle-
même que de son usage & de son accord
avec le reste; de sorte qu'avec des parties de peu de valeur on peut faire un
tout d'un grand prix. Le goût aime à
créer, & à donner seul la valeur aux
choses. Autant la loi de la mode est
inconstante & ruineuse, autant la sienne
est économe & durable. Ce que le bon
goût aprouve une fois est toujours bien;
s'il est rarement à la mode, en revan-
che il n'est jamais ridicule : & dans sa
modeste simplicité il tire de la conve-
nance des choses, des régles inaltéra-
bles & sûres, qui restent quand les
modes ne sont plus.

　* L'abondance du seul nécessaire ne
peut dégénérer en abus; parce que le
nécessaire a sa mesure naturelle, &
que les vrais besoins n'ont jamais d'excès. On peut mettre la dépense de vingt
habits en un seul, & manger en un re-
pas le revenu d'une année; mais on ne
sauroit porter deux habits en même-

tems, ni dîner deux fois en un jour. Ainsi l'opinion est illimitée, au lieu que la
nature nous arrête de tous côtés ; & celui qui dans un état médiocre se borne
au bien-être, ne risque point de se rui-
ner.

* On a d'abord peine à comprendre
comment on jouit de ce qu'on épargne,
& il faut du tems pour apercevoir que
les loix somptuaires menent à l'aisance
& au plaisir. En y réfléchissant le contentement augmente, parce qu'on voit
que la source en est intarissable, & que
l'art de goûter le bonheur de la vie sert
encore à le prolonger. Comment se
lasseroit-on de l'état le plus conforme à
la nature ? Comment épuiseroit-on son
héritage en l'améliorant tous les jours ?
Comment ruineroit-on sa fortune en ne
consommant que ses revenus ? Quand
chaque année on est sûr de la suivante,
qui peut troubler la paix de celle qui
court ? Le fruit du labeur passé soutient
l'abondance présente, & le fruit du la-

heur préfent annonce l'abondance à venir ; on jouit à la fois de ce qu'on dépenfe & de ce qu'on recueille, & les
divers tems fe raffemblent pour affer-
mir la fécurité du préfent.

* Quand le produit & l'emploi fe
trouvent toujours compenfés par la nature des chofes, la balance ne peut être
rompue, & il eft impoffible de fe dé-
ranger.

* Se plaire dans la durée de fon
état, c'eft un figne affuré qu'on y vit
heureux. Quiconque eft dans cette fituation, content de fa journée, n'en
defire point une différente pour le len-
demain, & tous les matins il demande
au Ciel un jour femblable à celui de la
veille : il fait toujours les mêmes chofes, parce qu'elles font bien, & qu'il
ne connoît rien de mieux à faire. C'eft-
là fans doute jouir de toute la félicité
permife à l'homme.

* Au lieu de ces tas de défœuvrés
qu'on apelle bonne compagnie, il faudroit

droit mieux raſſembler des perſonnes qui intéreſſent le cœur par quelque endroit avantageux, & qui rachetent quelques ridicules par mille vertus.

* L'entretien même des payſans a des charmes pour les ames élevées. On trouve dans la naïveté villageoiſe des caractéres plus marqués, plus d'hommes penſans par eux-mêmes, que ſous le maſque uniforme des habitans des villes, où chacun ſe montre comme ſont les autres, plutôt que comme il eſt lui-même. On trouve auſſi en eux des cœurs ſenſibles aux moindres careſſes, & qui s'eſtiment heureux de l'intérêt qu'on prend à leur bonheur. Leur cœur ni leur eſprit ne ſont point façonnés par l'art : ils n'ont point apris à ſe former ſur nos modèles, & l'on n'a pas peur de trouver en eux l'homme de l'homme au lieu de celui de la Nature.

* S'il eſt des bénédictions humaines que le Ciel daigne éxaucer, ce ne ſont point celles qu'arrachent la flatterie &

M

la baſſeſſe en preſence des gens qu'on
loue ; mais celles que dicte en ſecret un
cœur ſimple & reconnoiſſant au coin d'un
foyer ruſtique.

* Un ſentiment agréable & doux
peut couvrir de ſon charme une vie inſi-
pide à des cœurs indifférens. Les ſoins,
les travaux, la retraite, peuvent devenir des amuſemens par l'art de les diriger. Une ame ſaine peut donner du goût
à des occupations communes, comme
la ſanté du corps fait trouver bons les
alimens les plus ſimples. Tous ces gens
ennuyés qu'on amuſe avec tant de peine,
doivent leur dégoût à leurs vices, & ne
perdent le ſentiment du plaiſir qu'avec
celui du devoir.

* Si l'amour éteint jette l'ame dans
l'épuiſement, l'amour ſubjugué lui donne avec la confiance de ſa victoire une
élévation nouvelle, & un attrait plus
vif pour tout ce qui eſt grand & beau.

* On prétend que la converſation de
amis ne tarit jamais. Mais la langue ne

fournit un babil si facile qu'aux attachemens médiocres. Le silence, l'état
de contemplation , a de plus grands
charmes pour des hommes sensibles.
Les importuns empéchent de le goûter; & les amis ont besoin d'être sans
témoin pour pouvoir ne se rien dire à
leur aise.

   * On ne peut envier du rang suprême que le plaisir de s'y faire aimer.

   * La première & la plus importante
éducation, celle précisément que tout
le monde oublie (*) est de rendre un
enfant propre à être élevé. Une erreur
commune à tous les parens qui se pi-
quent de lumiéres , est de suposer leurs
enfans raisonnables dès leur naissance ,
& de leur parler comme à des hommes , avant même qu'ils sachent parler.

_____

(*) _Locke lui-même, le sage Locke l'a oublié ; il dit bien plus ce qu'on doit éxiger des
enfans que ce qu'on doit faire pour l'obtenir._
Note de M. R.

La raison est l'instrument qu'on pense employer à les instruire, au lieu que les autres instrumens doivent servir à former celui là , & que de toutes les instructions propres à l'homme , celle qu'il acquiert le plus tard & le plus difficilement, est la raison même. En leur parlant dès leur bas âge une langue qu'ils n'entendent pas , on les accoutume à se payer de mots , à en payer les autres , à contrôler tout ce qu'on leur dit , à se croire aussi sages que leurs Maîtres , à devenir disputeurs & mutins ; & tout ce qu'on pense obtenir d'eux par des motifs raisonnables , on ne l'obtient en effet que par ceux de crainte ou de vanité qu'on est toujours forcé d'y joindre.

* La Nature veut que les enfans soient enfans avant que d'être hommes. Si nous voulons pervertir cet ordre , nous produirons des fruits précoces , qui n'auront ni maturité ni saveur , & ne tarderont pas à se corrompre : nous

aurons de jeunes docteurs & de vieux enfans. L'enfance a des maniéres de voir, de penfer, de fentir, qui lui font propres. Rien n'eft moins fenfé que d'y vouloir fubftituer les nôtres, & j'aimerois autant éxiger qu'un enfant eût cinq pieds de haut que du jugement à dix ans. (*)

(*) *Je fuis fort éloigné d'entrer dans toutes les idées que M. R. propofe ici au fujet de l'éducation ; mais je n'entreprendrai point de les éxaminer en détail. Ici feulement je dirai qu'il paroît confondre les enfans raifonneurs avec les enfans raifonnables, & ne pas fentir que c'eft uniquement en les rendant raifonnables & fenfés qu'on les empêchera d'être raifonneurs. Jamais un enfant ne fe trouvera mal d'avoir eu le jugement formé de bonne heure. Le tempérament, l'organifation, éxigent fans doute qu'on s'y prenne différemment avec des individus qui différent à ces égards ; mais le but commun auquel on doit les conduire tous, & même par la voye la plus courte, c'eft l'éxercice de la raifon. Il faut avoir vu beaucoup d'enfans, & en avoir eu foi-même, qu'on ait élevés avec foin, pour raifonner pertinemment fur ces matiéres. Cela pofé, nous ne joindrons plus aucun correctif aux paffages fuivans.*

* La raifon ne commence à fe former qu'au bout de plufieurs années , &
quand le corps a pris une certaine con-
fiftance. L'intention de la nature eft
donc que le corps fe fortifie avant que
l'efprit s'éxerce. Les enfans font toujours en mouvement ; le repos & la réfléxion font l'averfion de leur âge ; une
vie apliquée & fédentaire les empéche
de croître & de profiter ; leur efprit , ni
leur corps , ne peuvent fuporter la contrainte. Sans ceffe enfermés dans une
chambre avec des livres , ils perdent
toute leur vigueur ; ils deviennent dé-
licats , foibles , mal-fains , plutôt hé-
bétés que raifonnables : & l'ame fe
fent toute la vie du dépériffement du
corps.

* Quand toutes les inftructions pré-
maturées profiteroient au jugement des
enfans autant qu'elles y nuifent , encore
y auroit-il un très-grand inconvénient
à les leur donner indiftinctement , &
fans égard à celles qui convienent par

préférence au génie de chaque enfant.
Outre la conftitution commune à l'efpéce , chacun aporte en naiffant un
tempérament particulier qui détermine
fon génie & fon caractére, & qu'il
ne s'agit ni de changer ni de contraindre , mais de former & de perfec-
tionner.

* Tous les caractéres font bons &
fains en eux-mêmes. Il n'y a point d'erreurs dans la Nature. Tous les vices
qu'on impute au naturel font l'effet des
mauvaifes formes qu'il a reçues. Il n'y
a point de fcélérat dont les penchans
mieux dirigés n'euffent produit de grandes vertus. Il n'y point d'efprit faux
dont on n'eût tiré des talens utiles en
le prenant d'un certain biais , comme ces figures difformes & monftrueufes
qu'on rend belles & bien proportion-
nées en les mettant au point de vue.

* Tout concourt au bien commun
dans le fyftême univerfel. Tout homme a fa place affignée dans le meilleur

ordre des chofes; il s'agit de trouver cette place, & de ne pas pervertir cet ordre. Qu'arrive-t'il d'une éducation commencée dès le berceau, & toujours fous une même formule, fans égard à la prodigieufe diverfité des efprits? Qu'on donne à la plûpart des inftructions nuifibles ou déplacées; qu'on les prive de celles qui leur conviendroient; qu'on gêne de toutes parts la Nature; qu'on efface les grandes qualités de l'ame, pour en fubftituer de petites & d'aparentes qui n'ont aucune réalité; qu'en éxerçant indiftinctement aux mêmes chofes tant de talens divers, on efface les uns par les autres, on les confond tous; qu'après bien des foins perdus à gâter dans les enfans les vrais dons de la Nature, on voit bientôt ternir cet éclat paffager & frivole qu'on leur préfére, fans que le naturel étouffé revienne jamais; qu'on perd à la fois ce qu'on a détruit & ce qu'on a fait; qu'enfin, pour le prix de tant de

peine

peine indiscrettement prise, tous ces petits prodiges deviennent des esprits sans force, des hommes sans mérite, uniquement remarquables par leur foiblesse & leur inutilité.

* Corriger la Nature ? Ce mot est beau, mais sur quoi porte-t'il ? La chose est-elle possible, si cette diversité d'esprits & de génies qui distinguent les individus est l'ouvrage de la nature ? On objecte à la vérité que cela n'est rien moins qu'évident. Car enfin, dit-on, si les esprits sont différens, ils sont inégaux ; & si la Nature les a rendus inégaux, c'est en douant les uns préférablement aux autres d'un peu plus de finesse de sens, d'étendue de mémoire ou de capacité d'attention. Or, quant aux sens & à la mémoire, il est prouvé par l'expérience, que leurs divers degrés d'étendue & de perfection ne sont point la mesure de l'esprit des hommes : & quant à la capacité d'attention, elle dépend unique-

N

ment de la force des paſſions qui nous
animent, & il eſt encore prouvé que
tous les hommes ſont, par leur nature, ſuſceptibles de paſſions aſſez fortes
pour les douer du degré d'attention auquel eſt attachée la ſupériorité de l'eſprit. Que ſi la diverſité des eſprits, au
lieu de venir de la nature, étoit un effet
de l'éducation, c'eſt-à-dire, des diverſes idées, des divers ſentimens qu'excitent en nous dès l'enfance les objets qui
nous frapent, les circonſtances où nous
nous trouvons, & toutes les impreſſions
que nous recevons, bien loin d'attendre pour élever les enfans qu'on con-
nût le caractére de leur eſprit, il faudroit au contraire ſe hâter de déterminer convenablement ce caractére par
une éducation propre à celui qu'on veut
leur donner.

　　* A ces difficultés on répond que ce
ne ſont que des ſubtilités, qui ne va-
lent peut-être pas mieux que les chiméres des Aſtrologues, & qu'il faut s'en

tenir à l'obfervation. Elle nous apreñd
qu'il y a des caractéres qui s'annoncent
prefque en naiffant, & des enfans qu'on
peut élever fur le fein de leur nourrice.
Ceux-là font une claffe à part, & s'é-
lévent en commençant de vivre. Mais,
quant aux autres qui fe dévelopent moins
vîte, vouloir former leur efprit avant de
le connoître, c'eft s'expofer à gâter le
bien que la nature a fait, & à faire plus
mal à fa place. Platon foutenoit que
tout le favoir humain, toute la philofophie ne pouvoit tirer d'une ame humaine que ce que la Nature y avoit mis;
comme toutes les opérations chimiques
n'ont jamais tiré d'aucun mixte qu'autant d'or qu'il en contenoit déja. Cela
n'eft vrai, ni de nos fentimens, ni
de nos idées; mais de nos difpofitions
à les acquérir. Pour changer un efprit,
il faudroit changer l'organifation intérieure; pour changer un caractére, il
faudroit changer le tempérament dont il
dépend.

N 2

* Avez-vous jamais ouïdire qu'un em-
porté soit devenu flegmatique, & qu'un
esprit mélancolique & froid ait acquis
de l'imagination? Il seroit tout aussi aisé
de faire d'un blond un brun, & d'un sot
un homme d'esprit. C'est donc en vain
qu'on prétendroit refondre les divers esprits sur un modèle commun. On peut
les contraindre, mais non les changer;
on peut empêcher les hommes de se montrer tels qu'ils sont, mais non les faire
devenir autres; & s'ils se déguisent dans
le cours ordinaire de la vie, vous les ver-
rez dans toutes les occasions importan-
tes reprendre leur caractére originel,
& s'y livrer avec autant moins de régle,
qu'ils n'en connoissent plus en s'y livrant.

* Il ne s'agit donc point de changer
le caractére, & de plier le naturel; mais
au contraire de le pousser aussi loin qu'il
peut aller, de le cultiver, & d'empêcher qu'il ne dégénére, car c'est ainsi
qu'un homme devient tout ce qu'il peut
étre, & que l'ouvrage de la nature s'a-

chéve en lui par l'éducation. Or , avant
de cultiver le caractére , il faut l'étudier ,
attendre paisiblement qu'il se montre ,
lùi fournir les occasions de se montrer ,
& toujours s'abstenir de rien faire , plutôt que d'agir mal-à-propos.

* A tel génie il faut donner des aî-
les , à d'autres des entraves : l'un veut
être pressé , l'autre retenu ; l'un veut
qu'on le flatte , & l'autre qu'on l'intimi-
de : il faudroit tantôt éclairer , tantôt
abrutir. Tel homme est fait pour porter
la connoissance humaine jusqu'au dernier terme : à tel autre il est même fu-
neste de savoir lire. Attendons la premiére étincelle de la raison : c'est elle
qui fait sortir le caractére & lui donne
la véritable forme ; c'est par elle aussi
qu'on le cultive , & il n'y a point avant
la raison de véritable éducation pour
l'homme.

* Ceux qui sont destinés à vivre dans
la simplicité champêtre n'ont pas besoin
pour être heureux , du dévelopement

N 3

de leurs facultés. Mais dans l'état civil
où l'on a moins besoin de bras que de
têtes, & où chacun doit compte à soi-
même & aux autres de tout son prix,
il importe d'aprendre à tirer des hommes tout ce que la nature leur a donné,
à les diriger du côté où ils peuvent aller
le plus loin, & sur-tout à nourrir leurs
inclinations de tout ce qui peut les rendre utiles.

* Dans le premier cas on n'a d'égard
qu'à l'espéce, chacun fait ce que font
tous les autres, l'éxemple est la seule
régle, l'habitude est le seul talent, &
nul n'éxerce de son ame que la partie
commune à tous. Dans le second, on
s'aplique à l'individu, à l'homme en général : on ajoute en lui tout ce qu'il peut
avoir de plus qu'un autre ; on le suit
aussi loin que la nature le méne, & l'on
en fera le plus grand des hommes, s'il
a ce qu'il faut pour le devenir.

* Ces maximes se contredisent si peu,
que la pratique en est la même pour le

premier âge. N'inſtruiſez point l'enfant
du villageois, car il ne lui convient pas
d'être inſtruit. N'inſtruiſez point l'enfant du Citadin, car vous ne ſavez encore quelle inſtruction lui convient. En
tout état de cauſe, laiſſez former le corps
juſqu'à ce que la raiſon commence à
poindre. Alors c'eſt le moment de la
cultiver.

*Mais, dira-t'on, cette méthode n'a-
t'elle pas le grand inconvénient de laiſſer prendre aux enfans mille mauvaiſes
habitudes qu'on ne prévient que par les
bonnes ? On répond que les inconvéniens de l'eſclavage ſont encore plus
grands. La nature aſſujettit les enfans
de tant de maniéres, qu'il eſt barbare
d'ajouter à cet aſſujettiſſement l'empire
de nos caprices, en leur ôtant une liberté ſi bornée, & dont ils peuvent ſi
peu abuſer. Il vaut mieux leur laiſſer
l'uſage de toutes leurs petites forces,
& ne gêner en eux nul des mouvemens
de la nature. On gagne à cela deux grands

N 4

avantages ; l'un d'écarter de leur ame
naiſſante le menſonge, la vanité, la co-
lére, l'envie, en un mot tous les vices
qui naiſſent de l'eſclavage, & qu'on eſt
contraint de fomenter dans les enfans
pour obtenir d'eux ce qu'on en éxige ;
l'autre de laiſſer librement fortifier le
corps par l'éxercice continuel que l'inſ-
tinct lui demande.

　* Il faut en particulier accoutumer les
enfans à courir tête nue au Soleil, au
froid, à s'eſſouffler, à ſe mettre en ſueur ;
ils s'endurciſſent par - là comme les
payſans aux injures de l'air, & ſe rendent plus robuſtes en vivant plus contens. Rien de plus dangereux que cette
puſillanimité meurtriére, qui, à force
de délicateſſe & de ſoins effémine un enfant, le tourmente par une éternelle contrainte, l'enchaîne par mille vaines précautions, enfin l'expoſe pour toute ſa vie
aux périls inévitables dont elle veut le
préſerver un moment ; & pour lui ſau-
ver quelques rhumes dans ſon enfance,

lui prépare de loin des fluxions de poi-
trine, des pleuréfies, des coups de foleil, & la mort, étant grand.

* Ce qui pourroit rendre les enfans
livrés à eux-mêmes mauvais & vicieux,
c'est lorsque non contens de faire leur
propre volonté, ils la font encore faire
aux autres, & cela par l'insensée indul-
gence des meres à qui l'on ne complaît
qu'en servant toutes les fantaisies de leurs
enfans. Une route nouvelle & sûre à cet
égard, pour rendre à la fois un enfant
libre, paisible, caressant, docile, &
cela par un moyen fort simple, c'est de
le convaincre qu'il n'est qu'un enfant.

* A confidérer l'enfance en elle-même, y a-t'il au monde un être plus foible, plus misérable, plus à la merci de
tout ce qui l'environne, qui ait si grand
besoin de pitié, d'amour, de protection,
qu'un enfant ? Ne semble-t'il pas que
c'est pour cela que les premiéres voix
qui lui sont suggérées par la nature sont
les cris & les plaintes; qu'elle lui a don-

né une figure si douce, & un air si touchant, afin que tout ce qui l'aproche
s'intéresse à sa foiblesse, & s'empresse
à le secourir ? Qu'y a-t'il donc de plus
choquant, de plus contraire à l'ordre,
que de voir un enfant impérieux & mutin, commander à tout ce qui l'entoure, prendre impudemment un ton de
maître avec ceux qui n'ont qu'à l'aban-
donner pour le faire périr, & d'aveugles
parens aprouvant cette audace, l'éxercer
à devenir le tyran de sa nourrice, en attendant qu'il devienne le leur ?

* Ainsi on doit éloigner des enfans la
dangereuse image de l'empire & celle de
la servitude, pour ne leur jamais donner
lieu de penser qu'ils soient servis par devoir plutôt que par pitié. Ce point est
peut-être le plus difficile & le plus im-
portant de toute l'éducation; & l'un des
principaux moyens qu'il faille employer,
c'est de les bien convaincre de l'impos-
sibilité où les tient leur âge de vivre sans
notre assistance. Il faut leur montrer que

tous les fecours qu'on eft forcé de recevoir d'autrui font des actes de dépendance que les domeſtiques ont une
véritable fupériorité fur l'enfant, en ce
qu'il ne fauroit fe paſſer d'eux, tandis
qu'il ne leur eft bon à rien; de forte
que, bien loin de tirer vanité de leurs
fervices, il doit les recevoir avec une
forte d'humiliation, comme un témoignage de fa foibleſſe, & aſpirer ardem-
ment au tems où il fera aſſez grand &
aſſez fort pour avoir l'honneur de fe fervir lui-même.

* La plûpart des meres font femblant
de vouloir que l'enfant obéiſſe au domeſtique, & veulent en effet que le domeſtique obéiſſe à l'enfant. Perfonne ici
ne doit commander, ni obéir. Il convient
qu'un enfant n'obtienne jamais de ceux
qui l'aprochent qu'autant de complai-
fance qu'il en a pour eux. Par-là fentant qu'il n'a fur tout ce qui l'environne d'autre autorité que celle de la bienveillance, il fe rend docile & complai-

fant ; en cherchant à s'attacher les cœurs
des autres , le sien s'attache à eux à
son tour, car on aime en se faisant aimer : c'est l'infaillible effet de l'amour-
propre ; & , de cette affection réciproque , née de l'égalité, résultent sans
efforts les bonnes qualités qu'on prêche
sans cesse à tous les enfans , sans jamais
en obtenir aucune.

* La partie la plus essentielle de l'é-
ducation, celle dont il n'est jamais
question dans les éducations les plus
soignées, c'est de lui faire bien sentir sa
misére, sa foiblesse , sa dépendance , le
pesant joug de la nécessité que la nature impose à l'homme ; & cela, non-
seulement afin qu'il soit sensible à ce
qu'on fait pour lui alléger ce joug , mais
sur-tout afin qu'il connoisse de bonne
heure en quel rang l'a placé la Providence , qu'il ne s'éléve point au-dessus
de sa portée , & que rien d'humain ne
lui semble étranger à lui.

* Ce qui nourrit les criailleries des

enfans, c'eſt l'attention qu'on y fait, ſoit pour leur céder, ſoit pour les contrarier. Il ne leur faut quelquefois pour pleurer tout un jour, que s'apercevoir qu'on ne veut pas qu'ils pleurent. Qu'on les flatte ou qu'on les menace, les moyens qu'on prend pour les faire taire ſont tous pernicieux, & preſque toujours ſans effet. Tant qu'on s'occupe de leurs pleurs, c'eſt une raiſon pour eux de les continuer ; mais s'en corrigent bien-tôt quand ils voyent qu'on n'y prend pas garde : car, grands & petits, nul n'aime à prendre une peine inutile.

* En ſuivant cette régle, un enfant ne pleure que quand il ſouffre ; c'eſt alors la voix de la nature qu'il ne faut pas contraindre ; mais il ſe taît à l'inſtant qu'il ne ſouffre plus. On gagne à cela de ſavoir à point nommé quand il ſent de la douleur, & quand il n'en ſent pas ; avantage qu'on perd avec ceux qui pleurent par fantaiſie, & ſeulement pour ſe faire apaiſer.

* Quand on ne songe qu'à faire taire
l'enfant aujourd'hui, il en pleurera demain davantage. Le pis est que l'obstina-
tion qu'il contracte, tire à conséquence
dans un âge avancé. La même cause
qui le rend criard à trois ans, le rend
mutin à douze, querelleur à vingt, impérieux à trente, & insuportable toute
sa vie.

* Dans tout ce qu'on accorde aux
enfans ils voyent aisément le désir de
leur complaire ; dans tout ce qu'on éxige ou qu'on leur refuse, ils doivent suposer des raisons sans le demander.
C'est encore un avantage qu'on gagne
à user avec eux d'autorité plutôt que
de persuasion dans les occasions néces-
saires : car, comme il n'est pas possible qu'ils n'aperçoivent quelquefois la
raison qu'on a d'en user ainsi, il est naturel qu'ils la suposent lorsqu'ils sont
hors d'état de la voir.

* Au contraire, dès qu'on a soumis
quelque chose à leur jugement, ils pré-

tendent juger de tout, ils deviennent
fophiftes, fubtils, de mauvaife foi, fé-
conds en chicanes, cherchant toujours
à réduire au filence ceux qui ont la foibleffe de s'expofer à leurs petites lumiéres. Quand on eft contraint de leur
rendre raifon des chofes qu'ils ne font
point en état d'entendre, ils attribuent
au caprice la conduite la plus pruden-
te, fi-tôt qu'elle eft au-deffus de leur
portée.

   * En un mot, le feul moyen de les
rendre dociles à la raifon n'eft pas de
raifonner avec eux, mais de les bien
convaincre que la raifon eft au-deffus
de leur âge, car alors ils la fupofent du
côté où elle doit être, à moins qu'on
ne leur donne un jufte fujet de penfer
autrement. Ils favent bien qu'on ne veut
pas les tourmenter quand ils font sûrs
qu'on les aime, & les enfans fe trompent rarement là-deffus. Quand donc
on refufe quelque chofe aux fiens, il
ne faut point argumenter avec eux, leur

dire pourquoi on ne veut pas, mais faire enforte qu'ils le voyent autant qu'il est possible, & quelquefois après coup. De cette maniére ils s'accoutument à comprendre que jamais on ne les refuse fans en avoir une bonne raison, quoiqu'ils ne l'aperçoivent pas toujours.

* Le même principe conduit à ne pas souffrir non plus que les enfans se mêlent dans la conversation des gens raisonnables, & s'imaginent fottement y tenir leur rang comme les autres, quand on y souffre leur babil indifcret. Il suffit qu'ils répondent modeftement, & en peu de mots, quand on les interroge, fans parler de leur chef, & furtout fans s'ingérer à queftionner hors de propos les gens plus âgés qu'eux auxquels ils doivent du refpect.

* Eft-ce gêner la liberté des enfans que de les empêcher d'attenter à la nôtre? Et ne fauroient-ils être heureux à moins que toute une compagnie en filence n'admire leurs puérilités? Empêcher

cher leur vanité de naître, ou du moins
en arrêter les progrès, c'est-là vraiment travaïller à leur félicité. Car la
vanité de l'homme est la source de ses
plus grandes peines, & il n'y a personne de si parfait & de si fêté, à qui elle
ne donne encore plus de chagrins que
de plaisirs. Si jamais la vanité fit quelque heureux sur la terre, à coup sûr
cet heureux-là n'étoit qu'un sot.

* Que peut penser un enfant de lui-
même, quand il voit autour de lui un
cercle de gens sensés l'écouter, l'aga-
cer, l'admirer, attendre avec un lâche
empressement les oracles qui sortent
de sa bouche, & se recrier avec des
retentissemens de joye à chaque impertinence qu'il dit? La tête d'un homme
auroit bien de la peine à tenir à tous
ces faux aplaudissemens; jugez de ce
que deviendra la sienne.

* Il en est du babil des enfans comme des prédictions des Almanachs. Ce
feroit un prodige si, sur tant de vai-

O

nes paroles, le hazard ne fourniſſoit jamais une rencontre heureuſe. Imaginez
ce que font alors les exclamations de
la flatterie ſur une pauvre mere déja
trop abuſée par ſon propre cœur , &
ſur un enfant qui ne ſait ce qu'il dit &
ſe voir célébrer.

* A l'égard des queſtions , on ne
doit pas les défendre indiſtinctement
aux enfans. Ils n'ont qu'à demander
doucement en particulier à leur pere
ou à leur mere , tout ce qu'ils ont beſoin de ſavoir. Mais il ne faut pas ſouffrir qu'ils coupent un entretien ſérieux
pour occuper tout le monde de la premiére impertinence qui leur paſſe par
la tête.

* L'art d'interroger n'eſt pas ſi facile qu'on penſe. C'eſt bien plus l'art des
maîtres que des diſciples ; il faut avoir
déja apris beaucoup de choſes pour ſavoir demander ce qu'on ne ſait pas. Le
Savant ſait & s'enquiert , dit un pro-
verbe Indien ; mais l'ignorant ne ſait

pas même de quoi s'enquérir.

* Faute de cette science préliminai-
re, les enfans en liberté ne font prefque jamais que des queftions ineptes,
qui ne fervent à rien ; ou profondes &
fcabreufes, dont la folution paffe leur
portée ; & puifqu'il ne faut pas qu'ils
fachent tout, il importe qu'ils n'ayent
pas le droit de tout demander. Voilà
pourquoi, généralement parlant, ils
s'inftruifent mieux par les interroga-
tions qu'on leur fait que par celles qu'ils
font eux-mêmes.

* Quand la méthode des queftions
faites par les enfans leur feroit auffi utile qu'on le croit, la premiére & la plus
importante fcience qui leur convient
n'eft-elle pas d'être difcrets & modef-
tes, & y en a-t'il quelqu'autre qu'ils
doivent aprendre au préjudice de celle-
là ? Que produit donc dans les enfans
cette émancipation de parole avant l'â-
ge de parler, & ce droit de foumettre
effrontément les hommes à leur inter-

O 2

rogatoire ? De petits queſtionneurs ba-
billards, qui queſtionnent moins pour
s'inſtruire que pour importuner, pour
occuper d'eux tout le monde, & qui
prennent encore plus de goût à ce babil
par l'embarras où ils s'aperçoivent que
jettent quelquefois leurs queſtions in-
diſcrettes, enforte que chacun eſt inquiet auſſi-tôt qu'ils ouvrent la bouche.
Ce n'eſt pas tant un moyen de les inſtruire que de les rendre étourdis & vains,
inconvénient bien plus grand que l'avantage qu'ils acquiérent par-là n'eſt utile :
car par dégrés l'ignorance diminue,
mais la vanité ne fait qu'augmenter.

    * Le pis qui pût arriver de cette ré-
ferve trop prolongée, feroit qu'un enfant parvenu à l'âge de raiſon eût la converſation moins legére, le propos moins
vif & moins abondant ; & en conſidérant
combien cette habitude de dire des riens
rétrécit l'eſprit, cette heureuſe ſtérili-
té devroit plutôt être regardée comme
un bien que comme un mal.

* Les gens oififs , toujours occupés d'eux-mêmes , s'efforcent de donner un grand prix à l'art de les amufer ; & l'on diroit que le favoir-vivre confifte à ne dire que de vaines paroles , comme à ne faire que des dons inutiles. Mais la fociété humaine a un objet plus noble , & fes vrais plaifirs ont plus de folidité. L'organe de la vérité , le plus digne organe de l'homme, le feul dont l'ufage le diftingue des animaux , ne lui a point été donné pour n'en pas tirer un meilleur parti qu'ils ne font de leurs cris. Il fe dégrade au-deffous d'eux , quand il parle pour ne rien dire , & l'homme doit être homme jufques dans fes délaffemens.

* S'il y a de la politeffe à étourdir tout le monde d'un vain caquet , il y en a une bien plus véritable à laiffer parler les autres par préférence, à faire plus grand cas de ce qu'ils difent que de ce qu'on diroit foi-même, & à montrer qu'on les eftime trop pour croire les amufer par des niaiferies. Le bon ufage

du monde, celui qui nous y fait le plus
rechercher & chérir, n'eſt pas tant d'y
briller, que d'y faire briller les autres,
& de mettre, à force de modeſtie,
leur orgueil plus en liberté.

* Un homme d'eſprit, qui ne s'ab-
ſtient de parler que par retenue & diſ-
crétion, ne paſſera jamais pour un ſot.
Dans quelque pays que ce puiſſe être,
il n'eſt pas poſſible qu'on juge un homme ſur ce qu'il n'a pas dit, & qu'on le
mépriſe pour s'être tû. Au contraire,
on remarque que les gens ſilentieux en
impoſent, qu'on s'écoute devant eux,
& qu'on leur donne beaucoup d'attention quand ils parlent; ce qui leur laiſ-
ſant le choix des occaſions, & faiſant
qu'on ne perd rien de ce qu'ils diſent,
met tout l'avantage de leur côté.

* Il eſt ſi difficile à l'homme le plus
ſage de garder toute ſa preſence d'eſprit dans un long flux de paroles, il eſt
ſi rare qu'il ne lui échape des choſes
dont il ſe repent à loiſir, qu'il aime

mieux retenir le bon que de rifquer le
mauvais. Quand ce n'eſt pas faute d'eſprit qu'il ſe taît, s'il ne parle pas, quelque diſcret qu'il puiſſe être, le tort en
eſt à ceux qui ſont avec lui.

* La mémoire & le jugement ſont
des choſes bien différentes, & preſque
contraires. La quantité de choſes mal
digérées & ſans liaiſon dont on remplit
une tête encore foible, y fait plus de
tort que de profit à la raiſon. Il eſt bien
vrai que, de toutes les facultés de l'homme, la mémoire eſt la premiére qui ſe
dévelope, & la plus commode à cultiver
dans les enfans, mais lequel eſt à préférer de ce qu'il leur eſt le plus aiſé d'a-
prendre, ou de ce qu'il leur importe le
plus de ſavoir?

* Forcer un enfant d'étudier des
langues qu'il ne parlera jamais, même
avant qu'il ait bien apris la ſienne; lui
faire inceſſamment répéter, & conſtrui-
re des vers qu'il n'entend point, & dont
toute l'harmonie n'eſt pour lui qu'au

bout de ſes doigts ; embrouiller ſon eſprit de cercles & de ſphéres dont il n'a
pas la moindre idée, l'accabler de mille
noms de villes & de riviéres, qu'il confond ſans ceſſe & qu'il raprend tous les
jours, eſt-ce cultiver ſa mémoire au
profit de ſon jugement ; & tout ce frivole acquit vaut-il une ſeule des larmes
qu'il lui coûte ?

  * L'inutilité de tout cela n'eſt pas
encore le plus grand mal ; mais n'eſt-
ce rien que d'inſtruire un enfant à ſe
payer de mots, & à croire ſavoir ce
qu'il ne peut comprendre ? Se pourroit-
il qu'un tel amas ne nuiſît point aux premiéres idées dont il doit meubler une
tête humaine, & ne vaudroit-il pas
mieux n'avoir point de mémoire que de
la meubler de tout ce fatras, au préjudice des connoiſſances néceſſaires dont
il tient la place ?

  * Si la nature a donné au cerveau des
enfans, cette ſoupleſſe qui le rend propre
à recevoir toutes ſortes d'impreſſions,
                                    ce

ce n'eſt pas pour qu'on y grave des noms
de Rois, des dates, des termes de bla-
ſon, de ſphére, de géographie, & tous
ces mots ſans aucun ſens pour leur âge,
& ſans aucune utilité pour quelque âge
que ce ſoit, dont on accable leur triſte
& ſtérile enfance ; mais c'eſt pour que
toutes les idées relatives à l'état de
l'homme, toutes celles qui ſe raportent
à ſon bonheur & l'éclairent ſur ſes devoirs, s'y tracent de bonne heure en
caractéres ineffaçables, & lui ſervent à
ſe conduire pendant ſa vie d'une maniére convenable à ſon être, & à ſes
facultés.

* Sans étudier dans les livres, la mémoire d'un enfant ne reſte pas pour cela
oiſive : tout ce qu'il voit, tout ce qu'il entend, le frape, & il s'en ſouvient ; il tient
regiſtre en lui-même des diſcours & des
actions des hommes, & tout ce qui
l'environne eſt le livre dans lequel ſans
y ſonger, il enrichit continuellement ſa
mémoire, en attendant que ſon juge-

P

ment puiffe en profiter. C'eft dans le
choix de ces objets, c'eft dans le foin
de lui prefenter fans ceffe ceux qu'il
doit connoître, & de lui cacher ceux
qu'il doit ignorer, que confifte le véritable art de cultiver la premiére de fes
facultés, & c'eft par-là qu'il faut tâcher
de lui former un magafin de connoif-
fances qui ferve à fon éducation durant
la jeuneffe, & à fa conduite dans tous
les tems. Cette méthode, il eft vrai,
ne forme point de petits prodiges, &
ne fait pas briller les Gouverneurs &
les Précepteurs ; mais elle forme des
hommes judicieux, robuftes, fains de
corps & d'entendement, qui, fans s'être
fait admirer étant jeunes, fe font honorer étant grands.

* Il y a pourtant des moyens pour
exciter & nourrir dans les enfans le defir
d'aprendre ou de faire telle ou telle
chofe ; & autant que ces moyens peuvent fe concilier avec la plus entiére liberté de l'enfant, & n'engendrent en

lui nulle femence de vice, on peut les
employer, fans s'opiniâtrer quand le
fuccès n'y répond pas ; car il aura toujours le tems d'aprendre : mais il n'y a
pas un moment à perdre pour former
en lui un bon naturel. Telle eft l'effi-
cace du premier dévelopement de la raifon, que quand un enfant ne fauroit
rien à douze ans, il n'en feroit pas
moins inftruit à quinze, fans compter
que rien n'eft moins néceffaire que d'ê-
tre favant, & rien plus que d'être fage
& bon.

* Pour garantir les enfans des vices
qui ne font pas en eux, il y a un pré-
fervatif plus fort que des difcours qu'ils
n'entendroient point, ou dont ils feroient
bien-tôt ennuyés. C'eft l'éxemple des
mœurs de tout ce qui les environne :
ce font les entretiens qu'ils entendent,
qui font naturels à ceux qui les tiennent,
& qu'on n'a pas befoin de compofer
exprès pour eux; c'eft la paix & l'union
dont ils font témoins ; c'eft l'accord

P 2

qu'ils voyent régner fans cesse, & dans
la conduite respective de tous, & dans
la conduite & les discours de chacun.

.* Mères de famille, quand vous vous
plaignez de n'être pas secondées, que
vous connoissez mal votre pouvoir !
Soyez tout ce que vous devez être, vous
surmonterez tous les obstacles ; vous for-
cerez chacun de remplir ses devoirs, si
vous remplissez bien tous les vôtres. Vos
droits ne sont-ils pas ceux de la nature ?
Malgré les maximes du vice, ils seront
toujours chers au cœur humain. Ah !
veuillez être femmes & mères, & le
plus doux empire qui soit sur la terre
sera aussi le plus respecté !

* Ce que les créatures peuvent occuper du cœur humain est si peu de chose,
que quand on croit l'avoir rempli d'elles, il est encore vuide. Il faut un objet infini pour le remplir.

* On a beau faire ; le cœur ne s'attache aux objets que par l'entremise des
sens ou de l'imagination qui les repre-

fente ; & le moyen de voir ou d'imaginer l'immenfité du grand Etre? Quand
je veux m'élever, je ne fais où je fuis :
n'apercevant aucun raport entre lui &
moi, je ne fais pas où l'atteindre, je ne
vois & ne fens plus rien, je me trouve
dans une efpéce d'anéantiffement ; & il
eft fort aparent que les extafes des myf-
tiques viennent moins d'un cœur plein,
que d'un cerveau vuide.

* L'homme eft donc obligé de fubftituer un culte fenfible & à fa portée
à ces fublimes contemplations qui paffent fes facultés. Rabaiffant à regret la
majefté divine, il interpofe entr'elle &
lui des objets qui peuvent être aperçus ;
ne la pouvant contempler dans fon effence, il la contemple au moins dans
fes œuvres ; il l'aime dans fes bienfaits ;
mais, de quelque maniére qu'il s'y
prenne, il n'a qu'une reconnoiffance in-
téreffée à lui prefenter.

* Tout devient fentiment dans un
cœur fenfible. L'Univers entier ne lui

offre que sujets d'attendriſſement & de gratidude. Par-tout il aperçoit la bien-faiſante main de la providence ; il re-cueille ſes dons dans les productions de la terre ; il voit ſa table couverte par ſes ſoins ; il s'endort ſous ſa pro-tection ; ſon paiſible réveil lui vient d'elle ; il ſent ſes leçons dans les diſ-graces, & ſes faveurs dans les plaiſirs ; les biens dont jouit tout ce qui lui eſt cher, ſont autant de nouveaux ſujets d'hommages. Si le Dieu de l'Univers échape à ſes foibles yeux, il voit par-tout le père commun des hommes. Ho-norer ainſi ſes bienfaits ſuprêmes, n'eſt-ce pas ſervir autant qu'on peut l'Etre in-fini ?

* Le ſpectacle de la nature, ſi vivant, ſi animé, pour ceux qui reconnoiſſent un Dieu, eſt mort aux yeux de l'Athée ; & dans cette grande harmonie des Etres, où tout parle de Dieu d'une voix ſi douce, il n'aperçoit qu'un ſilence éter-nel.

* O fentiment , fentiment ! douce vie de l'ame ! quel eft le cœur de fer que tu n'as jamais touché ? quel eft l'infortuné mortel à qui tu n'arrachas jamais de larmes ! Les fcènes de plaifir & de joie que produit la vivacité du fentiment , n'épuifent un inftant la nature que pour la ranimer d'une vigueur. nouvelle : elles ne font jamais dangereufes.

* Les gens de ville ne favent point aimer la campagne, ils ne favent pas même y être : à peine , quand ils y font favent-ils ce qu'on y fait. Ils en dédaignent les travaux , les plaifirs , ils les ignorent ; ils font chez eux comme en pays étranger , il ne faut pas s'étonner s'ils s'y déplaifent.

* Le travail de la campagne eft agréable à confidérer , & n'a rien d'affez pénible en lui - même pour émouvoir la compaffion. L'objet de l'utilité publique & privée le rend intéreffant ; & puis , c'eft la premiére vocation de l'homme : il rapelle à l'efprit une idée

agréable & au cœur tous les charmes
de l'âge d'or. L'imagination ne reste
point froide à l'aspect du labourage &
des moissons. La simplicité de la vie pas-
torale & champêtre a toujours quelque
chose qui la touche. Qu'on regarde les
prés couverts de gens qui fanent & chan-
tent, & de troupeaux épars dans l'éloi-
gnement : insensiblement on se sent attendrir sans savoir pourquoi. Ainsi quelquefois encore la voix de la nature amollit nos cœurs farouches : & quoiqu'on
l'entende avec un regret inutile, elle est
si douce qu'on ne l'entend jamais sans
plaisir.

* Quel charme de voir de bons &
sages régisseurs faire de la culture de
leurs terres, l'instrument de leurs bienfaits, & du travail qui les enrichit une
fête continuelle ! Comment se dérober
à la douce illusion que ces objets font
naître ? On oublie son siécle & ses contemporains ; on se transporte au tems des
Patriarches ; on veut mettre soi-même

la main à l'œuvre, partager les travaux rustiques, & le bonheur qu'on y voit attaché. O tems de l'amour & de l'innocence, où les femmes étoient tendres & modestes, où les hommes étoient simples & vivoient contens ! O Rachel fille charmante, & si constamment aimée, heureux celui qui pour t'obtenir ne regretta pas quatorze ans d'esclavage ! O douce éléve de Noëmi, heureux le bon vieillard dont tu réchauffois les pieds & le cœur ! Non, jamais la beauté ne régne avec plus d'empire qu'au milieu des soins champêtres. C'est-là que les graces sont sur leur trône, que la simplicité les pare, que la gayeté les anime, & qu'il faut les adorer malgré soi.

    * Tous les états sont presque indifférens par eux-mêmes, pourvu qu'on puisse & qu'on veuille en sortir quelquefois. Les gueux sont malheureux parce qu'ils sont toujours gueux ; les Rois sont malheureux parce qu'ils sont toujours Rois. Les états moyens dont on sort plus aisément,

offrent des plaisirs au-dessus & au-dessous de soi ; ils étendent aussi les lumiéres de ceux qui les remplissent, en leur donnant plus de préjugés à connoître, & plus de degrés à comparer. Voilà la principale raison pourquoi c'est générale- lement dans les conditions médiocres qu'on trouve les hommes les plus heu- reux & du meilleur sort.

* Les Saturnales des Romains man- quoient d'agrémènt & de sagesse. Le renversement qui y avoit lieu étoit trop vain pour instruire le maître ni l'escla- ve. Mais le mélange de la vie citadine à la vie rustique, quand on y fait ré- gner une douce égalité, rétablit l'ordre de la nature, forme une instruction pour les uns, une consolation pour les autres, & un lien d'amitié pour tous.

* Dans l'éducation tout consiste à ne pas gâter l'homme de la nature en l'a- propriant à la société.

* Quand on est dans son devoir, on est aisément tenté d'être fier.

* Les petites passions ne prennent jamais le change, & vont toujours à leur fin ; mais on peut armer les grandes contr'elles-mêmes.

* Le véritable amour est inséparable de la générosité, & par elle on a toujours sur lui quelque prise.

* Il faut s'honorer pour être honorée. Comment peut - on mériter le respect d'autrui sans en avoir pour soi-même , & où s'arrêtera dans la route du vice celle qui fait le premier pas sans effroi ? Voilà ce qu'il faut dire à ces femmes du monde pour qui la Morale & la Religion ne sont rien, & qui n'ont de loi que l'opinion d'autrui. Mais pour une femme vertueuse & chrétienne, qui voit son devoir & qui l'aime, qui connoît & suit d'autres régles que les jugemens publics, son premier honneur est celui que lui rend la conscience ; & c'est celui - là qu'il s'agit de conserver.

* Telle personne du sexe, en feignant de rire de l'amour, fait comme ces en-

fains qui chante la nuit quand ils ont
peur.

* L'amour en lui-même eft-il un crime ? N'eft-il pas le plus pur ainfi que
le plus doux penchant de la nature ? N'a-
t'il pas une fin bonne & louable ? Ne
dédaigne-t'il pas les ames baffes & ram-
pantes ? N'anime-t'il pas les ames grandes & fortes ? N'ennoblit-il pas tous leurs
fentimens ? Ne double-t'il pas leur être ?
Ne les éléve-t'il pas au-deffus d'elles-
mêmes ? Si pour être honnête & fage ,
il faut être inacceffible à fes traits , que
refte-t'il à la vertu fur la terre ? Le re-
but de la nature & les plus vils des
mortels.

* Il n'y a d'inégalité déshonorante entre les hommes que celle qui vient du
caractére ou de l'éducation. A quelque
état que parvienne un homme imbu des
maximes baffes , il eft toujours honteux
de former des liaifons étroites avec lui.
Mais un homme élevé dans des fentimens d'honneur eft l'égal de tout le

monde ; il n'y a point de rang où il ne
foit à fa place.

* Il vaut mieux déroger à la noblef-
fe qu'à la vertu ; & la femme d'un Char-
bonnier eft plus refpectable que la maî-
treffe d'un Prince.

* Quelle fociété concevroit-on poffible avec une femme devant qui l'on ne
fauroit nommer l'honnêteté, la chafte-
té, la vertu, fans lui faire verfer des
larmes de honte, fans ranimer fes douleurs, fans infulter prefqu'à fon repentir ?

* Pourquoi nous plaindre que les méchans nous tourmentent, fi les bons fe
tourmentent encore entr'eux ?

* L'obligation de fe marier n'eft pas
commune à tous : elle dépend pour chaque homme de l'état où le fort l'a placé ; c'eft pour le peuple, pour l'artifan,
pour le villageois, pour les hommes vraiment utiles, que le célibat
eft illicite : pour les ordres qui dominent les autres, auxquels tout tend fans

ceſſe, & qui ne ſont toujours que trop
remplis, il eſt permis & même convenable. Sans cela l'Etat ne fait que ſe dé-
peupler par la multiplication des Sujets
qui lui ſont à charge. Les hommes auront toujours aſſez de maîtres ; la Fran-
ce & l'Angleterre manqueront plutôt de
Laboureurs que de Pairs.

* Ces raiſons ne ſuffiſent pas pourtant
pour diſpenſer les particuliers de leur
devoir envers la nature. La vie eſt un
bien qu'on ne reçoit qu'à charge de le
tranſmettre, une ſorte de ſubſtitution
qui doit paſſer de race en race. Quiconque eut un pere eſt obligé de le devenir.

* Quoiqu'il en ſoit de l'eſpoir des
Croyans dans l'autre vie, on ſe trouve
bien de paſſer avec eux celle-ci.

* Tout dépérit avec les mœurs. Le
meilleur goût tient à la vertu même ;
il diſparoît avec elle, & fait place à un
goût factice & guindé, qui n'eſt plus que
l'ouvrage à la mode. Le véritable eſ-

prit eft prefque dans le même cas.

* Une certaine coquetterie maligne
& railleufe déforiente encore plus les
foupirans que le filence ou le mépris.
Quel plaifir de voir un beau Céladon
tout déconcerté, fe confondre, fe troubler, fe perdre à chaque repartie; de
s'environner contre lui de traits moins
brûlans, mais plus aigus que ceux de
l'amour; de le cribler de pointes de gla-
ce, qui pique à l'aide du froid !

* Les deux fexes gagnent de toutes
maniéres à fe donner des travaux & des
amufemens différens qui les empêchent
de fe raffafier l'un de l'autre, & font
qu'ils fe retrouvent avec plus de plaifir.
Ainfi s'éguife la volupté; s'abftenir pour
jouir, c'eft l'Epicuréifme de la raifon.

* L'amour peut s'éteindre, & les fens
lui furvivre ; alors leur délire eft d'autant plus à craindre, que le feul fentiment qui le bornoit n'éxiftant plus,
tout eft occafion de chûte à qui ne tient
plus à rien.

* L'homme eft plus libre d'éviter les tentations que de les vaincre ; il n'eft pas queftion de réprimer les paffions irritées , mais de les empêcher de naître.

* On fuporte un état violent , quand il paffe. Six mois , un an, on ne fent rien ; on envifage un terme , & l'on prend courage. Mais , quand cet état doit durer toujours , qui eft-ce qui le fuporte ? Qui eft-ce qui fait triompher de lui-même jufqu'à la mort ?

* Si la vie eft courte pour le plaifir, qu'elle eft longue pour la vertu ! Il faut être inceffamment fur fes gardes. L'inftant de jouir paffe & ne revient plus ; celui de mal faire paffe & revient fans ceffe. On s'oublie un moment , & l'on eft perdu.

* Les momens à craindre pour la vertu éxiftent par-tout où nous fommes ; car nous les portons avec nous.

* Périffe l'homme indigne qui marchande un cœur, & rend l'amour mercenaire ! C'eft lui qui couvre la terre

des

des crimes que la débauche y fait commettre. Comment ne feroit pas toujours à vendre celle qui se laisse acheter une fois ? Et dans l'oprobre où bien-tôt elle tombe, lequel est l'auteur de sa misére, ou du brutal qui la maltraite en un mauvais lieu, ou du séducteur qui l'y traîne, en mettant le premier ses faveurs à prix ?

* L'homme n'est pas fait pour le célibat ; & il est bien difficile qu'un état si contraire à la nature n'améne pas quelque désordre public ou caché. Le moyen d'échaper toujours à l'ennemi qu'on porte sans cesse avec soi ?

* Il en coûte peu de se rendre difficile sur des Loix qu'on n'observe qu'en aparence ; mais celui qui veut être sincérement vertueux, se sent assez chargé des devoirs de l'homme sans s'en imposer de nouveaux.

* La véritable humilité du Chrétien, c'est de trouver toujours sa tâche au-dessus de ses forces, bien loin d'avoir l'orgueil de la doubler.

Q

* La fauſſe honte & la crainte du blâ-me inſpirent plus de mauvaiſes actions que de bonnes, & la vertu ne fait rou-gir que de ce qui eſt mal.

* Un honnête homme n'aura jamais de meilleur ami que ſa femme.

* L'homme de bien porte avec plai-ſir le doux fardeau d'une vie utile à ſes ſemblables : il ſent ce que la vaine ſa-geſſe des méchans n'a jamais pû croire, qu'il eſt un bonheur réſervé dès ce mon-de aux ſeuls amis de la vertu.

* Les perſonnes que leurs connoiſ-ſances mettent au-deſſus du vulgaire, lorſqu'elles ont de la Religion, n'en tirent pas toujours tout l'avantage qu'el-le offre dans la conduite de la vie; leur hauteur philoſophique dédaigne la ſim-plicité du Chrétien.

* Nous ſommes libres ; il eſt vrai, mais nous ſommes ignorans, foibles, portés au mal ; & d'où nous viendroient la lumiére & la force, ſi ce n'eſt de ce-lui qui en eſt la ſource ? Et pourquoi

les obtiendrions-nous, si nous ne dai-
gnons pas les demander ?

* Aux idées sublimes que nous de-
vons avoir de l'Etre suprême, l'orgueil
humain mêle souvent des idées basses
qui se raportent à l'homme, comme si
les moyens qui soulagent notre foiblesse
convenoient à la puissance divine, &
qu'elle eût besoin d'art comme nous
pour généraliser les choses, afin de les
traiter plus facilement. Il semble, à
nous entendre, que ce soit un embarras pour elle de veiller sur chaque individu; nous craignons qu'une attention
continuelle & partagée ne la fatigue,
& nous trouvons bien plus beau qu'elle
fasse tout par des loix générales, sans
doute parce qu'elles lui coûtent moins
de soins. O grands Philosophes ! que
Dieu vous est obligé de lui fournir ainsi
des méthodes commodes, & de lui
abréger le travail !

* Le plus grand de nos besoins, le
seul auquel nous pouvons pourvoir, est

Q 2

celui de sentir nos besoins ; & le premier pas pour sortir de notre misére,
est de la connoître. Soyons humbles
pour être sages ; voyons notre foiblesse,
& nous serons forts. Ainsi s'accorde la
justice avec la clémence ; ainsi régnent
à la fois la grace & la liberté. Escla-
ves par notre foiblesse, nous sommes
libres par la priére ; car il dépend de
nous de demander & d'obtenir la force
qu'il ne dépend pas de nous d'avoir par
nous-mêmes.

* Le grand défaut de la sagesse humaine, même de celle qui n'a que la
vertu pour objet, est un excès de confiance qui nous fait juger de l'avenir par
le présent, & de la vie entiére par un
moment. On se sent ferme un instant,
& l'on compte n'être jamais ébranlé.
Plein d'un orgueil que l'expérience confond tous les jours, on croit n'avoir plus
à craindre un piége une fois évité. Le
modeste langage de la vaillance est : Je
fus brave un tel jour. Mais celui qui

dit : Je suis brave ; ne sait ce qu'il sera demain , & tenant pour sienne une valeur qu'il ne s'est pas donnée , il mérite de la perdre au moment de s'en servir.

* Que tous nos projets doivent être ridicules , que tous nos raisonnemens doivent être insensés , devant l'Etre pour qui les tems n'ont point de succession , ni les lieux de distance ! Nous comptons pour rien ce qui est loin de nous , nous ne voyons que ce qui nous touche : quand nous aurons changé de lieu , nos jugemens seront tout contraires , & ne seront pas mieux fondés. Nous réglons l'avenir sur ce qui nous convient aujourd'hui , sans savoir s'il nous conviendra demain ; nous jugeons de nous comme étant toujours les mêmes , & nous changeons tous les jours. Qui sait si nous aimerons ce que nous aimons ; si nous voudrons ce que nous voulons , si nous serons ce que nous sommes , si les objets étrangers & les altérations de nos corps n'auront pas autrement modifié

nos ames, & si nous ne trouverons point
notre misére dans ce que nous aurons
arrangé pour notre bonheur ?

* Montrez-moi une régle assurée de
la sagesse humaine, & je la prendrai
pour guide. Mais, si sa meilleure leçon
est de nous aprendre à nous défier d'elle, recourons à celle qui ne trompe
point, & faisons ce qu'elle nous inspire.

* Femmes, femmes ! objets chers &
funestes, que la nature orna pour notre
suplice, qui punissez quand on vous
brave, qui poursuivez quand on vous
craint, dont la haine & l'amour sont
également nuisibles, & qu'on ne peut
ni rechercher, ni fuir impunément !
Beauté, charme, attrait, sympathie;
être ou chimére inconcevable, abîme
de douleurs & de voluptés ! beauté plus
terrible aux mortels que l'élément où
l'on t'a fait naître, malheureux qui se
livre à ton calme trompeur ! c'est toi
qui produis les tempêtes qui tourmentent le genre-humain.

* Deux amans s'aiment-ils l'un l'autre ? Non; *vous* & *moi* font des mots
proscrits de leur langue ; ils ne font plus
deux : ils font un.

* On a peu de desirs quand on souffre ; une grande passion malheureuse est
un grand moyen de sagesse.

* Dans le mariage, l'un des deux ne
sauroit se faire un sort exclusif. Les
biens & les maux y font communs malgré qu'on en ait, & les chagrins qu'on
se donne l'un à l'autre retombent toujours sur celui qui les cause.

* Il ne faut pas confondre avec la prudence de la vertu les scrupules d'une ame
craintive qui se fait un devoir de s'é-
pouvanter, & croit qu'il faut tout craindre pour se garantir de tout. Cette extrême timidité a son danger ainsi qu'u-
ne confiance excessive. En nous mon-
trant sans cesse des monstres où il n'y
en a point, elle nous épuise à combattre des chimères; & à force de nous
effaroucher sans sujet, elle nous tient

moins en garde contre les périls véritables & ne nous les laiffe moins difcerner.

* La vertu eft un état de guerre ; & pour y vivre , on a toujours quelque combat à rendre contre foi. Occupons-nous moins des dangers que de nous , afin de tenir notre ame prête à tout événement. Si chercher les occafions, c'eft mériter d'y fuccomber , les fuir avec trop de foin , c'eft fouvent nous refufer à de grands devoirs , & il n'eft pas bon de fonger fans ceffe aux tentations , même pour les éviter.

* Tous les actes de l'entendement qui nous élévent à Dieu nous portent au-deffus de nous-même ; en implorant fon fecours , nous aprenons à le trouver. Quand même ce ne feroit pas lui qui nous change , c'eft nous qui nous changerions en nous élevant à lui.

* Si l'on abufe de l'oraifon , & qu'on devienne myftique , on fe perd à force de s'élever ; en cherchant la grace , on

renonce

renonce à la raison : pour obtenir un don
du Ciel , on en foule aux pieds un autre ; en s'obftinant à vouloir qu'il nous
éclaire , on s'ôte les lumiéres qu'il nous
a données.

 * Il n'y a rien de bien qui n'ait un
excès blâmable , même la dévotion ,
qui peut dégénérer en délire. Les extafes des afcétiques viennent en prolon-
geant le tems qu'on donne à la priére
plus que ne le permet la foibleffe humaine. Alors l'efprit s'épuife , l'imagination s'allume & donne des vifions ; on
devient infpiré , prophête ; & il n'y a
plus ni fens , ni génie qui garantiffe du
fanatifme.

 * Tout le charme de la fociété entre
de vrais amis confifte dans cette ouver-
ture de cœur qui met en commun tous
les fentimens , toutes les penfées ,
& qui fait que chacun fe fentant tel
qu'il doit être , fe montre tel qu'il eft.
Dès qu'il éxifte quelque intrigue fe-
crette , quelque liaifon qu'il faille ca-

R

cher, quelque raison de réserve & de
mystère, à l'instant tout le plaisir de se
voir s'évanouit, on contraint l'un devant
l'autre, on cherche à se dérober ; quand
on se rassemble, on voudroit se fuir ; la
circonspection, la gêne, amenent
la défiance, le dégoût. On se devient importuns l'un à l'autre. Le
moyen d'aimer long-tems ce qu'on
craint ?

* Un cœur honnête est capable d'une
faute imprévue ; mais le mal prémédi-
té n'en aproche jamais. C'est ce qui distingue l'homme fragile du méchant
homme.

* Les grandes passions usées dégoû-
tent des autres : la paix de l'ame qui
leur succéde est le seul sentiment qui
s'accroît par la jouissance. Un cœur sensible craint le repos qu'il ne connoît pas,
qu'il le sente une fois, il ne voudra pas
perdre. En comparant deux états si contraires, on aprend à préférer le meil-

leur ; mais pour les comparer il les faut connoître.

* C'est un second crime de tenir un ferment criminel.

* La promesse qu'il faut tenir sans cesse est celle d'être honnête homme, & toujours ferme dans son devoir ; changer quand il change, ce n'est pas legéreté, c'est constance.

* Faites dans tous les tems ce que la vertu demande, vous ne vous démentirez jamais.

* Dans le régne des passions elles aident à suporter les tourmens qu'elles donnent ; elles tiennent l'espérance à côté du desir. Tant qu'on desire, on peut se passer d'être heureux ; on s'attend à le devenir : si le bonheur ne vient point, l'espoir se prolonge, & le charme de l'illusion dure autant que la passion qui la cause. Ainsi cet état se suffit à lui-même, & l'inquiétude qu'il donne est une sorte de jouissance qui suplée à la réalité.

* Malheur à qui n'a plus rien à defirer ! Il perd, pour ainfi dire, tout ce
qu'il poſſéde. On jouit moins de ce
qu'on obtient que de ce qu'on eſpére,
& l'on n'eſt heureux qu'avant d'être heureux. En effet, l'homme avide & bor-
né, fait pour tout vouloir & peu obtenir, a reçu du Ciel une force con-
folante qui raproche de lui tout ce qu'il
defire, qui le foumet à fon imagination,
qui le lui rend prefent & fenfible, qui le
lui livre en quelque forte, & pour lui rendre cette imaginaire propriété plus douce, le modifie au gré de fa paſſion. Mais
tout ce preſtige difparoît devant l'objet
même ; rien n'embellit plus cet objet
aux yeux du poſſeſſeur ; on ne fe figure
point ce qu'on voit ; l'imagination ne
pare plus rien de ce qu'on poſſéde ;
l'illuſion ceſſe où commence la jouiſ-
fance.

* Le pays des chiméres eſt en ce monde le feul digne d'être habité ; & tel
eſt le néant des chofes humaines, qu'à

l'exception de l'Etre éxiftant par lui-
même , il n'y a rien de beau que ce qui
n'eft pas.

* Celui qui pourroit tout être fans
Dieu , feroit une miférable créature ;
il feroit privé du plaifir de defirer ; toute autre privation feroit plus fuportable.

* Il s'enfuit de là que tout Prince qui
afpire au Defpotifme , afpire à l'honneur de mourir d'ennui. Dans tous les
Royaumes du monde cherchez - vous
l'homme le plus ennuyé du pays ? Allez
toujours directement au Souverain , fur-
tout s'il eft très-abfolu. C'eft bien la
peine de faire tant de miférables ! Ne
fçauroit-il s'ennuyer à moins de frais ?

* Une ame éclairée & épurée ne trouve rien ici-bas qui lui fuffife , & cherche
ailleurs de quoi la remplir. En s'élevant
à la fource du fentiment & de l'être ,
elle y perd fa féchereffe & fa langueur :
elle y renaît , elle s'y ranime , elle y
trouve un nouveau reffort , elle y pui-

fe une nouvelle vie; elle y prend une autre éxiftence qui ne tient point aux paffions du corps, ou plutôt elle n'eft plus en elle-même ; elle eft toute dans l'Etre immenfe qu'elle contemple, & dégagée un moment de fes entraves, elle fe confole d'y rentrer, par cet effai d'un état plus fublime, qu'elle efpére être un jour le fien.

* Servir Dieu cependant, ce n'eft point paffer fa vie à genoux dans un Oratoire, c'eft remplir fur la terre les devoirs qu'il nous impofe; c'eft faire en vûe de lui plaire tout ce qui convient à l'état où il nous a mis.

> — — — — — — il cor gradifce,
> E ferve a lui chi fuo dover compifce.

Il faut premiérement faire tout ce qu'on doit, & puis prier quand on peut.

* Toutes les miféres de la vie s'évanouiffent devant les grands objets de la

Religion. En fongeant à tous les bienfaits de la Providence, on a honte d'être
fenfible à de fi foibles chagrins, & d'oublier de fi grandes graces.

* On ne doit point afficher la dévotion comme un état, & par un extérieur affecté. Il faut auffi s'abftenir de
ce langage figuré & myftique, qui
nourrit le cœur des chiméres de l'imagination, & fubftitue au véritable amour
de Dieu des fentimens imités de l'amour
terreftre, & trop propres à le réveiller.
Plus on a le cœur tendre & l'imagination vive, plus on doit éviter ce qui
tend à les émouvoir ; car enfin, comment voir les raports de l'objet myftique, fi l'on ne voit auffi l'objet fenfuel :
& comment une honnête femme ofe-
t'elle imaginer avec affurançe des objets qu'elle n'oferoit regarder ?

* Ce qui infpire le plus d'éloigne-
ment pour les dévots de profeffion, c'eft
cette âpreté de mœurs qui les rend infenfibles à l'humanité, c'eft cet orgueil

R 4

exceffif qui leur fait regarder en pitié
le refte du monde. Dans leur élévation
fublime, s'ils daignent s'abaiffer à quelque acte de bonté, c'eft d'une maniére fi humiliante, ils plaignent les
autres d'un ton fi cruel, leur juftice eft
fi rigoureufe, leur charité eft fi dure,
leur zèle eft fi amer, leur mépris ref-
femble fi fort à la haine, que l'infenfi-
bilité même des gens du monde eft
moins barbare que leur commifération.
L'amour de Dieu leur fert d'excufe pour
n'aimer perfonne ; vit-on jamais d'amitié véritable entre les dévots ? (*) Mais
plus ils fe détachent des hommes, plus
ils en éxigent ; & l'on diroit qu'ils ne
s'élévent à Dieu que pour éxercer fon
autorité fur la terre.

* Il eft impoffible que l'intolérance
n'endurciffe l'ame. Comment chérir

(*) On doit fentir qu'on prend ici ce terme,
non dans la véritable acception, mais fuivant
l'ufage ordinaire du monde.

tendrement les gens qu'on réprouve ?
Quelle charité peut-on conferver parmi des Damnés ? Les aimer, ce feroit
haïr Dieu qui les punit. Voulons-nous
donc être humains ? Jugeons les actions,
& non pas les hommes. N'empiétons
point fur l'horrible fonction des Dé-
mons : n'ouvrons point fi legérement
l'Enfer à nos freres. Eh ! s'il étoit def-
tiné pour ceux qui fe trompent, quel
mortel pourroit l'éviter ?

   * Voulons - nous pénétrer dans ces
abîmes de métaphyfique, qui n'ont ni
fond, ni rive, & perdre à difputer fur
l'Effence divine ce tems fi court qui nous
eft donné pour l'honorer ? Nous igno-
rons ce qu'elle eft, mais nous fçavons
qu'elle eft : que cela nous fuffife ; elle
fe fait voir dans fes œuvres, elle fe fait
fentir au-dedans de nous. Nous pouvons
bien la difputer contr'elle, mais non pas
la méconnoître de bonne foi.

   * Quelques vertus morales que poffe-
de un homme à qui la Religion man-

que, de combien de douceurs n'est-il point privé ? Quel sentiment peut le consoler dans ses peines ? Quel spectateur anime les bonnes actions qu'il fait en secret ? Quelle voix peut parler au fond de son cœur ? Quel prix peut-il attendre de sa vertu ? Comment doit-il envisager la mort ?

* Quel argument contre l'incrédule que la vie du vrai Chrétien ! S'il y faisoit attention, il seroit forcé de s'écrier : Non, l'homme n'est pas ainsi par lui-même ; quelque chose de plus qu'humain règne ici.

* Les derniers momens de la vie sont trop précieux pour qu'il soit permis d'en abuser. Si l'on ne peut pas prolonger les jours d'un mourant, au moins ne faut-il pas les abreger en lui ôtant l'emploi du peu d'instans qui lui sont laissés par la nature. Moins il lui en reste, plus on doit les respecter.

* Quelque rôle qu'on ait pu faire

pendant fa vie, on ne doit point jouer
la Comédie à la mort.

* Si l'on eft dévot pendant le tracas
de cette vie, comment ne le fera-t'on
pas au moment qu'il faut la quitter, &
qu'il ne refte plus qu'à penfer à l'autre !

* La priére du malade eft la patience.
La préparation à la mort eft une bonne
vie ; il n'y en a point d'autre.

* Tâchez de vivre de maniére à n'a-
voir pas befoin de fonger à la mort. Qui
s'endort dans le fein d'un pere, n'eft
pas en fouci du réveil.

* Combien de pécheurs, bourrelés
au lit de la mort, n'accumulent de
vaines & féches priéres, que parce qu'ils
font indignes d'être éxaucés !

* On donne un efprit faux au Chrif-
tianifme en n'en faifant que la Religion
des mourans, & de ces Miniftres des
hommes de mauvais augure. On les regarde comme des meffagers de mort,

parce que dans l'opinion commode qu'un quart-d'heure de repentir fuffit pour effacer cinquante ans de crimes, on n'aime à les voir que dans ce temps-là. Vêtus d'une couleur lugubre, ils font obligés d'affecter un air févére : on n'épargne rien pour les rendre effrayans.

＊ La mort eft déja fi pénible : pourquoi la rendre encore hideufe ? L'inftant de la mort n'eft rien ; le mal de la nature eft peu de chofe ; il faut bannir tous ceux de l'opinion.

Quel avantage plus précieux que celui d'être élevé dans une Religion raifonnable & fainte, qui, loin d'abrutir l'homme, l'ennoblit & l'éleve, qui ne favorifant ni l'impiété, ni le fanatifme, permet d'être fage & de croire, d'être humain & pieux tout à la fois !

＊ Les chagrins & les peines doivent être comptés pour des avantages, en ce qu'ils empêchent le cœur de s'endurcir aux malheurs d'autrui. Il y a même

de la douceur à s'attendrir fur fes propres maux & fur ceux des autres. La
fenfibilité porte toujours dans l'ame un
certain contentement de foi-même in-
dépendant de la fortune & des événemens.

* Un état permanent n'eft pas fait
pour l'homme. Quand on a tout acquis,
il faut perdre, ne fût-ce que le plaifir
de la poffeffion qui s'ufe par elle.

* Plus on vit, plus on aime à vivre,
même fans jouir de rien. On a l'ennui
de la vie, & la terreur de la mort, fuite ordinaire de la vieilleffe.

* Une perfonne qui faifoit les délices
de tous ceux à qui elle étoit connue,
l'objet le plus aimable & le plus refpectable, eft enlevée au milieu de fa carriére.

BEAUTÉ, C'EST DONC-LA TON DER-
NIER ASYLE ...... CONFIANCE, AMI-

TIÉ, VERTUS, PLAISIRS, LA TERRE A
TOUT ENGLOUTI . . . . . SON CERCUEIL
NE LA CONTIENT PAS TOUTE ENTIÉ-
RE . . . . ELLE HABITE LE SÉJOUR
DE L'ÉTERNELLE PAIX.

FIN.

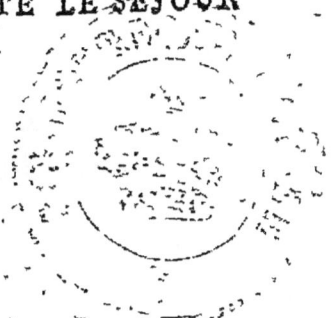